한 권으로 끝내는 직장인 다이어트

6년차 직장인이 알려주는 다이어트 A to Z

한 권으로 끝내는 직장인 다이어트

초판 1쇄 발행 | 2021년 5월 20일

지은이 | 김지욱
펴낸이 | 김지연
펴낸곳 | 생각의빛

주 소 | 경기도 파주시 한빛로 70 515-501
출판등록 | 2018년 8월 6일 제 406-2018-000094호

ISBN | 979-11-90082-89-1 (03190)

원고 투고 | sangkac@nate.com

* 값 13,300원

* 생각의빛은 삶의 감동을 이끌어내는 진솔한 책을 발간하고 있습
니다. 참신한 원고가 준비되셨다면 망설이지 마시고 연락주세요.

한 권으로 끝내는 직장인 다이어트

김지욱 지음

생각의빛

내가 직장인 다이어트 관련 글쓰기를 시작한 이유

투르크메니스탄에서 '시작'된 '도전'

〈중앙아시아의 고요하고 아름다운 나라 '투르크메니스탄'〉

안녕하세요. 저는 평범한 6년 차 직장인이며, 식단관리와 운동을 병행한 지는 4년 차에 접어들었습니다. 저의 이야기의 시작은 신입사원 시절로 거슬러 올라갑니다.

2016년 7월 15일, 신입사원이었던 저는 중앙아시아의 투르크메니스탄으로 출장을 갔습니다. 투르크메니스탄은 한국인에게는 다소 생소할 수 있는 중앙아시아의 고요하고 아름다운 나라입니다. 카스피해 근처의 해안가에서 우리 회사는 조 단위의 대규모 공장을 건설 중이었고 저는 품질관리 업무에 투입되었습니다. 신입사원인 저로서는 소중한 동기들과 떨어져서 말도 통하지 않는 낯선 외국에서 적응하기가 쉽지는 않았습니다.

　그때 제가 버틸 수 있었던 한 가지 이유가 바로 웨이트 트레이닝이었습니다. 사실 딱히 운동 말고는 잘하는 것도 딱히 없습니다. 운동하는 동안은 그런 힘듦을 잠시나마 잊을 수 있었습니다. 아무 생각하지 않고 호흡과 근육에만 집중하면서 밀고 당기다 보면 스트레스가 싹 풀렸습니다. (아, 그렇다고 회사에서 스트레스를 많이 받았다는 것은 절대 아닙니다.^^)

　퇴근 시간이 일정치 않았고, 퇴근 후 회식이 있는 경우에는 운동을 못 했기 때문에 저는 새벽에 운동했습니다. 운동 시간을 저녁으로 하게 되면 야근, 회식, 피로 등 운동을 안 하게 되는 합리적인 변명거리가 다양합니다. 하지만 새벽을 운동 시간으로 정하면 운동을 못 한 변명은 오직 하나 '나약한 내가 늦잠을 자서' 밖에 없습니다. 벌써 운동의 기쁨이 뇌를 통제하는 경지까지 와버린 저에게 이런 변명은 용납할 수 없었습니다. 그래서 매일 새벽 5시에 운동을 했고 꽤 많은 사람이 저의 운동 열정에 대해서 알아주기 시작했습니다.

　그렇게 일 년여가 흐른 뒤 즈음부터, 저에게 운동을 알려달라는 분이 하나둘씩 생기기 시작했습니다. 대부분 나이 드신 어르신들이었는데 간혹 사원 대리급의 젊은 분도 계셨습니다. 타향살이의 외로움을 달래려 삼삼오오 모여서 술자리를 갖는 빈도수가 늘어가다 보니 뱃살이 나온다고 하소연하는 분이 많았습니다. '라떼는..'을 언급하시며 왕년의 몸짱으로 돌아가고 싶다는 분들이 많았습니다. 하지만 정작 저는 두려움 반 걱정 반이었습니다. 그 당시 저는 누구에게 웨이트 트레이닝을 직접적으로 배워 본 적도 없었을 뿐더러 식단 관리조차 하지 않았었습니다. 누군가를 알려줄 만한 정도가 아니라고 생각했습니다.

누군가를 가르치는 일은 결코 쉬운 일은 아닙니다. 정확한 지식과 올바른 정보를 전달하기 위해서는 많은 경험과 노하우가 필요합니다. 혹시라도 내가 잘못된 지식을 전달하거나 나의 단편적인 경험들만을 토대로 섣불리 알려드리면 안 된다고 생각했습니다. 더군다나 잘못된 운동 방식은 부상을 초래합니다. 그래서 죄송하다고 말씀드리며 정중하게 거절했습니다.

그리고 그때 생각했습니다. 앞으로는 나에게 도움을 요청하는 사람이 있을 때, 자신 있게 올바른 방향성을 제시해 주는 사람이 되고 싶었습니다. 그리고 언젠가는 이 사람들이 운동과 다이어트에 편하게 접근할 수 있도록 도움을 주는 무언가를 해보고 싶다고 생각했습니다. 그러기 위해선 나 자신이 직접 경험한 데이터를 많이 쌓는 게 우선이었습니다.

이제는 조금이나마 도움이 되는 이야기를 해드릴 수 있을 것 같습니다.

2018년 4월 17일에 1년 10개월의 근무를 마치고 한국에 복귀했습니다. 그리고 7월부터 국내의 여수 화학공장에서 근무했는데, 이때부터 운동과 식단관리를 병행하며 피트니스 대회에 도전하기 시작했습니다. 꼴찌도 해보고 1등도 해 보고, 살도 찌워보고 또 빼보며 운동과 다이어트에 대한 수많은 데이터를 쌓았습니다.

그리고 2020년 1년간 말레이시아 현장에 근무하면서도 꾸준히 건강한 식단을 챙겼습니다. 운동 역시 놓지 않았습니다. 또한 직장인 다이어트에 도움이 되는 글 들을 블로그 등 SNS 플랫폼에 게시했고 수많은 방문자가 찾아와 주셨습니다. 그동안 쌓아온 데이터와 노하우에 자신감이 생기기 시작했고, 저의 글을 보고 변화를 다짐하시는 분들의 메시지를 보면서 뿌듯했습니다. 아직도 부족하지만 그래도 나에게 도움을 요청하는 사람에게 올바른 방향성을 제시할 수 있겠다는 자신감이 생겼습니다.

저는 시중에 출간된 운동 방법서, 근육 사용 설명서, 식단 레시피 등과는 차별화된 '바쁜 현대 직장인들의 운동과 다이어트에 도움이 되는 현실적인 글'을 쓰고 싶었습니다. 이를테면 바쁜 업무 속에서 식단을 관리하는 방법, 회식에 대처하는 방법, 직장에서의 스트레스를 운동의 에너지원으로 전환하는 방법, 등을 재미있게 전해드리고 싶었습니다. 뜬구름 잡는 이야기가 아닌 누구나 쉽게 따라 할 수 있는 방법들 위주로 전해드리려고 합니다.

지금도 저의 도전은 진행 중입니다. 블로그 등 글쓰기 플랫폼을 통해 다이어트에 도움이 되는 글을 계속 써나갈 예정입니다. 현실 노하우가 담긴 저의 글이 직장인들의 허리사이즈 감소와 근성장에 도움이 되길 바랍니다.

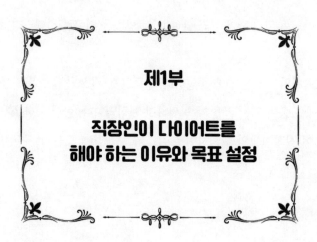

제1부

**직장인이 다이어트를
해야 하는 이유와 목표 설정**

직장인이 다이어트를
포기하게 되는 이유 3가지와 대처법

"행복한 가정은 모두 엇비슷하고, 불행한 가정은 불행한 이유가 제각기 다르다."_톨스토이

원하는 목표를 달성했을 때, 긍정적인 측면의 이유는 대부분 비슷하다. 꾸준함, 노력, 긍정적인 마인드 등에서 크게 벗어나지 않는다. 하지만 실패 원인은 천차만별이다. 톨스토이가 '안나 카레니나'의 첫 구절에서 이야기한 것도 이런 의미라고 생각한다. 잘 되는 가정은 대부분 비슷하게 건강하고 화목하지만, 불행한 가정은 자녀, 금전, 애정, 등 여러 가지로 불행하다. 다이어트에 성공하는 과정도 이와 유사하다. 꾸준한 식단과 운동이라는 공통된 이유로 다이어트에 성공할 수 있다. 반면 포기하는 이유는 수없이 다양하다. 그중 직장인이 다이어트할 때 포기의 이유가 될 수 있는 대표적인 3가지가 있다.

술 약속

다이어트 기간에도 물론 술자리에 참여할 수는 있다. 개인적인 사유로 양해를 구하고 참가하지 않는 것이 다이어트에는 가장 도움이 된다. 하지만 사회생활을 하면서 매번 불참을 할 수는 없다. 참여는 하되 본인이 절제를 할 수 있어야 한다. 절제하지 못하는 순간 다이어트의 성공과는 거리가 멀어지게 되고 그동안 쌓아온 공든 탑을 무너뜨릴 수 있다. 우선 술을 마시면 자제력이 떨어지게 된다. 그 틈을 타서 식욕이란 녀석이 강하게 자기주장을 시작한다. 평소에는 별로 먹고 싶지 않았던 음식도 술을 마시면 갑자기 먹고 싶어진다. 안주 없이 술만 먹으면 더 취하기 때문에 무엇이든 먹어야 한다는 기적의 논리로 음식을 먹기도 한다. 이렇듯 술 약속 자체는 다이어트를 망치는 것이 아니지만, 술 약속으로 인해 자제력을 잃는 나 자신은 경계해야 한다.

동남아시아 현장에서 근무할 때 일주일에 한 번 회식했다. 토요일 저녁에 한국인 직원들끼리 소주를 한 잔 기울이면서 친목을 다졌다. 술을 마신 이후에 유독 과자와 아이스크림이 생각난다. 일요일 아침에 잠에서 깨어나서 가장 처음 보이는 것이 휴지통에 구겨져서 버려진 어제 먹은 과자봉지이다. 샤워한 후 거울을 보면 몸이 2~3kg는 불어난 것처럼 보인다. 물론 수분이 많이 차서 그렇게 보이는 것이기도 하지만 보기 좋은 몸은 절대 아니다. 나의 경우는 이러한 생활을 1년 정도 유지해 왔기 때문에 토요일 저녁에 많이 먹을 것을 대비해서 낮에 식사량이 적다. 그리고 일요일에 유산소 운동에 많은 시간을 할애해서 최대한 많은 열량을 소비한다.

하지만 이런 패턴이 아직 적응이 되지 않은 분들에게 술자리는 다이어트를 포기하게 되는 이유가 충분히 될 수 있다. 만약 자제력을 잃고 먹고 싶은 음식을 많이 먹었다면 다음날 다시 원래 패턴으로 돌아가면 된다. '역시 난 안돼'라고 생각하거나 '이미 망한 거 오늘까지만 딱 먹고 내일부터 다시 다이어트해야지' 이런 식의 생각은 영영 돌아갈 수 없게 만들 수 있다. 4년 넘게 식단 조절과 다이어트를 해온 경험에 의하면 1주일에 1번 정도의 가벼운 술자리는 다이어트에 큰 영향을 미치지 않는다. 술자리 전후로 식단을 조절하고 유산소 운동을 추가해주면 지속적인 다이어트를 충분히 할 수 있다.

남과의 비교

비교는 불행함을 느끼는 지름길이다. 빌 게이츠 역시 비교는 그 자신을 모욕하는 행위라고 이야기했을 정도로 비교는 목표 달성에 도움이 되지 않는다. 특히 자신을 빌 게이츠와 비교한다면 그동안 느껴보지 못했던 최상의 불행을 경험할 수 있다. 다이어트하는 과정에서도 남과 비교를 하면 포기하게 되기 쉽다. 모든 일들이 그렇듯이 개인차라는 것이 존재한다. 같은 시간에 같은 강도의 운동을 하고 같은 음식을 먹는다고 할지라도 살이 빠지는 속도, 근육이 붙는 속도는 사람마다 제각기 다르다. 같은 시기에 운동과 식단관리를 함께 시작한 동료가 나보다 훨씬 빠르게 변화하는 모습을 보면 '될놈될', '되는 사람은 따로 있구나'라는 생각과 함께 포기를 할 가능성이 있다.

더군다나 직장인들 같은 경우 직업의 특성상 비교하는 습관에 익숙해져 있는 경우가 많다. 실적을 개선하고 성과를 내기 위해서는 경쟁사와 비교해야 하고, 비교 우위에 서기 위해서 끊임없는 노력을 해야 하기 때문이다. 하지만 언제나 상대방보다 우위에 서려고 하는 자세는 과한 의욕을 불러올 수 있고, 역효과를 초래할 수 있다.

중요한 것은 어제의 본인과 비교하는 것이다. 올바른 식단관리와 운동을 지속하면 살은 빠진다. 늦게 빠지는 살은 있어도 안 빠지는 살은 없다. 맨눈으로 확연히 느껴지는 차이가 없더라도 어제보다 하루만큼 더 건강해지고 살은 빠진다. 이러한 과정이 차근차근 모이면 늦더라도 원하는 목표에 도달하게 될 것이고 다이어트에 자신감이 붙는다.

스트레스

직장에서 받는 스트레스 또한 다이어트를 포기하게 되는 원인 중 하나이다. 과중한 업무, 팀 내 불화, 야근 및 회식으로 인해 불규칙해진 생활습관은 스트레스로 다가온다. 다이어트 기간에 이러한 직장 내 스트레스를 받는다면 다이어트를 포기하게 될 가능성이 있다.

실제로 전에 같은 외국 현장에서 근무했던 한 과장님이 스트레스로 인해서 다이어트를 포기하셨다. 평소에 운동에 관심이 있었던 과장님께서는 나에게 운동 방법, 음식 조절에 관해서 물어보시며 한국에 돌아가기 전까지 살을 꼭 빼겠다고 말씀하셨다. 그러던 중 그 과장님이 속한 팀의 부하직원이 한국으로 복귀를 했고, 대체자를 채용할 때까지 부하직원이 하던 일까지 해야 했으므로 과장님의 업무량이 늘어났다. 가끔 지나칠 때마다 만나면 환하게 웃어주시던 여유는 온데간데없고 업무 스트레스로 인한 과식으로 인해 몸무게도 많이 불어나 있었다. 결국 과장님께서는 복귀 전까지 몸무게를 줄이기는커녕 몸무게가 더 늘어나서 복귀하셨다.

이처럼 스트레스는 다이어트에 부정적인 영향을 미친다. 그렇기 때문에 스트레스를 관리하는 본인만의 노하우가 필요하다. 긍정적인 생각을 하려고 노력하고 업무 중간중간 스트레칭을 해 주는 등 몸을 움직여야 한다.

업무시간 내에 못 한 잔업들을 처리하는 야간작업이 많아진다면 아침에 유산소 운동을 하는 것이 좋다. 체력 향상에 도움이 되고 잡념을 날려버릴 수 있다. 유산소 운동 후 개운하게 샤워를 하면 스트레스도 날려버릴 수 있다. 또한 아침에 하는 공복 유산소 운동은 체지방을 태우는 지름길이다.

직장인이 다이어트 도시락을 먹을 때 얻는
의외의 장점들

불필요한 시간 낭비를 줄일 수 있다

식단 관리를 하는 직장인들은 점심시간에 도시락을 먹는다. 음식점이나 구내식당에서 식사를 하는 것 대신 직접 준비한 도시락을 먹으면 많은 시간을 절약할 수 있다. 구내식당이 있는 대부분의 직장은 줄을 서서 기다리는 것이 불가피하다. 물론 줄을 안 서기 위해 직급별, 부서별로 점심시간을 나누어서 사용하는 경우도 있다. 하지만 이 경우에도 애매한 시간이 발생한다는 문제가 있다. 11:30부터 1:00까지 점심시간이라고 한다면 A팀이 11:30부터 12:00까지 식사하고, B팀이 12:00부터 12:30까지 식사한다. 그러면 B팀은 오전 업무 후에 낮잠을 자기도 애매한 시간이고, 식사 후에 휴식 시간도 짧다. 물론 일정 간격을 기준으로 교대를 하겠지만 불편함은 어쩔 수 없다.

도시락을 싸서 출퇴근하는 직장인들은 이러한 시간을 효율적으로 사용할 수 있다. 점심시간이 시작되고 바로 자리에서 도시락을 먹으면 길게는 15분이면 식사가 끝난다. 자리에서 혼자 조용히 식사를 해서 다른 사람의 속도를 맞출 필요도 없다. 11:30부터 1:00까지 점심시간이라면 식사 후에도 약 1시간 정도의 여유시간이 생긴다. 낮잠을 충분히 잘 수도 있고, 독서, 음악 감상 등도 충분히 가능하다. 가까운 곳에 운동을 할 수 있는 시설이 있다면 충분히 운동도 가능하다. 식단관리를 하면 점심에 시간을 확보할 수 있지만, 아침에 준비하는 시간이 적지 않게 소요된다는 반론이 있을 수 있다. 하지만 익숙해지면 아침에 준비하는 시간도 빨라진다. 조금만 숙달되면 누구나 20분 만에 2끼, 30분 만에 3끼 식사를 준비할 수 있다.

불필요한 돈 낭비를 줄일 수 있다

직장인들의 소소하지만 확실한 행복 중 하나는 '맛점' 즉 맛있는 점심 식사이다. 맛집과 관련된 방송과 유튜브 채널 등이 많아지면서 어느 지역이든 근처에 방송 출연 맛집이 흔하다. 맛있는 식사를 끝냈으면 다음 행선지는 약속한 듯이 카페로 향한다. 삼삼오오 모여서 본인 취향의 커피를 시키고 쿠폰에 도장을 찍는 것은 쏠쏠한 재미이다. 커피의 가격이 비싸지 않으면 함께 모인 사람들 중 연장자가 계산하는 경우가 많지만, 매번 얻어먹을 수는 없다. 돌아가면서 계산을 하는 경우가 많고 본인 몫의 음료를 본인이 지불하는 경우도 흔하다. 이렇게 밥+커피를 마시게 되면 꽤 많은 돈을 지출하게 된다. 소소한 행복을 위해서 하루에 만 몇천 원 정도는 괜찮다고 생각할 수 있다. 그러나 점차 쌓이게 되면 무시할 수 없는 가격이다. 이렇게 쓰이는 돈들만 모았어도 S전자 주식을 몇 주 살 수 있었다는 것을 진지하게 생각해보아야 한다.

식단 관리를 하면서 도시락을 챙기면 지출을 줄일 수 있다. 다이어트 식단은 한 끼에 3,000원이 안 되는 가격으로도 충분히 구성할 수 있다. 또한 다이어트 도시락을 준비하면 유혹에 잘 흔들리지 않는다. 만약 점심시간에 상사가 오늘은 본인이 쏠 테니 비싼 음식점에 가자고 할 수도 있다. 하지만 도시락을 준비했다면 아침에 일찍 일어나서 준비한 것이 아까워서 거절하게 된다. 나의 시간과 노력이 그대로 매몰되어버리면 안 된다는 생각이 들고 준비한 식단을 먹을 수 있게 된다. 그리고 내 경험이지만 보통 이런 경우에 '저 도시락 싸 왔어요'라고 말하면 동료들도 '고생해서 싸 왔는데 오늘은 그거 먹고 다음에 같이 먹자' 이렇게 이야기하는 경우가 대부분이었다.

생산적인 습관이 형성된다

여기서 생산적인 습관이란 일을 미루지 않고 바로바로 처리하는 것이다. 식단 도시락을 싸 오면 회사에 오자마자 바로 냉장고에 넣어야 한다. 이 단순한 작업을 미루다가 깜빡하면 음식이 상할 수도 있다. 물론 반나절 정도 놓아둔다고 못 먹을 정도로 음식이 상하는 경우는 거의 없지만 냉장고에 넣는 것이 바람직하다. 특히 동남아시아에서 근무했을 때는 음식이

상하는 것에 더욱더 주의했다. 그래서 출근하자마자 바로 부서에서 관리하는 냉장고에 도시락을 넣어 놓았다. 그리고 퇴근하면 바로 설거지를 했다. 이렇듯 할 일을 미루지 않고 바로바로 처리하는 습관이 몸에 배게 되면 업무 및 다른 측면에서도 효율이 향상한다.

다이어트 전에는 이런 습관이 형성되지 않았었다. 특히 설거지 같은 경우 미루어 놓고 한 번에 하면 된다는 생각에 방치해 놓는 경우가 많았다. 하지만 이는 심적인 부담을 줄 수 있으며 위생상 좋지 않다. 그리고 한 번 미루면 그게 두 번이 되고 세 번이 되는 것은 초등학교 방학 숙제를 해 본 사람이라면 누구나 알고 있다. 결국, 마지막에 몰아서 하게 되면 대충할 확률이 높다. 31살까지 결혼을 미뤄왔는데 더 미루다가는 '신체 건강한 솔로'로 남게 될까 걱정이 되기도 한다.

식단 도시락을 준비하면서 할 일들을 머릿속으로 리스트 화해서 바로바로 하는 습관을 만들 수 있다. 이를 일상에 적용하면 전보다 충분히 생산성 있는 생활이 가능해질 수 있다.

직장인이 다이어트의 목표로
정할 수 있는 대상 TOP 3

보디 프로필

'보디 프로필' 촬영을 목표로 다이어트를 하면 큰 동기 부여를 받을 수 있다. 지속적인 식단 관리와 운동으로 인해 심신이 피로한 상태라 할지라도, 멋지게 다이어트에 성공한 몸으로 찍힌 사진을 상상하면 힘을 낼 수 있다. 맹목적인 다이어트보다는 '보디 프로필'이라는 뚜렷한 목표에 집중하는 것이 좋다.

'보디 프로필' 같은 경우는 촬영 작가님과 촬영 날짜를 예약하고 계약금을 선지급 하는 것이 시작이다. 일단 계약금이 내 통장에서 빠져나갔다는 사실도 동기 부여에 도움을 준다. 지불한 금액만큼의 가치를 온전히 얻어야 한다는 심리가 작용한다. 이왕 돈 낸 거 열심히 해 보자는 마인드가 생긴다. 이것이 바로 '선입금'의 강력한 위력이다. 이 마음가짐이 운동 시 무게를 조금 더 들게 하고 10분 더 뛰게 만드는 원동력이다.

요즘에는 피트니스 시장이 대중화되면서 '보디 프로필을 촬영하는 스튜디오가 굉장히 많아졌다. 내가 처음 '보디 프로필'을 찍었던 2014년 보다 스튜디오의 개수가 몇 배는 더 늘어났고, '금손'을 가지신 작가분들도 많다. 이번 연도 다이어트를 하는 김에 '보디 프로필'을 촬영해 보는 것도 좋은 도전이다.

피트니스 대회

피트니스 대회 역시 다이어트의 목표로 잡을 수 있는 좋은 대상이다. 대부분 '보디 프로필'을 촬영해 본 사람들이 다음 도전의 대상으로 삼기도 한다. 직장인들도 충분히 도전해 볼 수 있다. 그 이유 중 하나는 피트니스 대회의 진입장벽이 많이 낮아졌기 때문이다. 피트니스 시장이 대중화되면서 생활체육인 수준의 건강한 몸매를 가진 직장인이 출전할 수 있는 종목들도 많이 생겼다. 본인의 체형과 근육량 등을 판단해서 다양한 종목에 참가할 수 있다.

또한 대부분의 대회에서 별도로 사진 촬영을 신청받는다. 본인이 무대에서 멋진 몸을 표현하는 순간을 사진으로 간직할 수 있다. 피트니스 관련 커뮤니티 혹은 SNS 등을 찾아보면 어렵지 않게 피트니스 대회 일정을 파악할 수 있다. 3월을 시작으로 적어도 10월까지는 전국에서 한 달에 최소 3~4개 혹은 그 이상의 대회가 열린다. 본인 거주 지역에서 열리는 지역 대회에 참가해서 좋은 추억을 남겨 보는 것을 추천한다. 종목을 잘 선택해서 열심히 몸을 만들면 입상의 기회도 열려 있다.

과정 자체로서의 의미

David Goggings는 미국 Navy seal 요원 출신 턱걸이 세계기록 보유자이다. David가 이야기하는 동기 부여의 개념 중 'Cookie Jar' 방법이 있다. '쿠키가 들어 있는 통'이라는 의미인데, 통 안에 있는 쿠키들은 본인이 그동안 극복해왔던 어려운 도전을 의미한다. David는 삶의 어려운 순간이나 도전에 직면했을 때, 전에 극복했던 경험을 떠올리면서 자신감을 얻고 이겨낸다고 한다. 그는 이러한 지난 경험을 떠올리는 행위를 쿠키를 먹는다고 표현한다. 그리고 또다시 새로 극복한 도전은 또 하나의 쿠키가 되어서 통에 담긴다. 그리고 다음 도전을 할 때 꺼내 먹을 식량이 된다.

이처럼 다이어트를 성공적으로 끝내는 과정도 그 하나로 큰 의미를 지닐 수 있다. 본인만의 하나의 쿠키를 만든 것이다. David가 했던 것처럼, 다이어트 후에 다른 삶의 도전에 직면했을 때 쿠키를 꺼내 먹을 수 있다. 단, 정말 열심히 도전했을 때 쿠키는 더 달고 맛있을 것이다. ('Cookie Jar' 개념에 관해서 이야기 한 것일 뿐, 진짜 쿠키를 꺼내 먹지 않도록 주의하자.)

다이어트하면서 피부가 좋아졌다?

건강한 운동에 식단 관리를 병행하면 얻을 수 있는 놀라운 효과 중 하나가 바로 피부 개선이다. 생각해 보면 당연한 결과이다. 다이어트 식단을 구성하면 화학조미료와 정제 탄수화물의 섭취량이 적다. 약간의 가열이 있을 뿐 자연 식물 상태에서 크게 벗어나지 않은 상태로 섭취하는 경우가 많다.

다이어트를 진행할 때 닭가슴살, 파프리카, 양파, 방울토마토, 단호박을 하루 4끼 섭취했다. 염분을 위해서 천일염을 살짝 추가할 때도 있고, 지방 섭취를 위해 오메가-3 혹은 아몬드를 조금씩 먹기도 한다. 대부분의 음식이 가열 외에 특별한 조리과정을 거치지 않아서 재료의 영양소를 온전하게 보존하고 있다.

가끔 보디 프로필이나 피트니스 대회 준비 때문에 전문 메이크업 스튜디오를 찾는 경우가 있다. 피부가 좋다는 이야기를 종종 듣는다. 그러면서 몇 살이냐는 질문으로 이어지고 1990년생 이라고 이야기하면 놀라시는 분들이 대부분이다. 원래 피부가 좋은 사람이 아니었기 때문에 이런 이야기를 들으면 기분이 굉장히 좋다. 선천적으로 타고난 것보다 후천적으로 노력해서 얻은 결과를 칭찬받은 기분이 든다. 실제로 깨끗한 식단을 구성하고 운동을 꾸준히 하면서 피부가 좋아졌다. 거울을 볼 때도 알 수 있다. 무엇보다 클렌징폼으로 얼굴을 씻을 때 손에 느껴지는 감촉을 통해서 매끈함이 느껴질 때 기분이 좋다. 철저하게 구성한 식단에 들어 있는 영양소들이 피부 개선에 큰 도움을 주었다.

특히 단호박은 베타카로틴이라는 성분을 다량 함유하고 있다. 이 베타카로틴이 우리 몸에 들어오면 비타민A로 바뀐다. 이 비타민A는 노안 개선에 큰 효과가 있다. 이 외에도 단호박에 함유되어있는 식이섬유 및 풍부한 영양소는 콜라겐 생성을 돕는다. 깨끗하고 탱탱한 피부를 만드는 데 큰 도움을 준다.

파프리카 역시 피부미용에 탁월한 야채이다. 파프리카에는 함유되어있는 수분이 많아서 갈증을 해소하는 데 도움이 된다. 또한 풍부한 비타민과 철분, 베타카로틴이 멜라닌 색소 생성을 억제한다. 파프리카에는 레몬의 2배, 사과의 41배 정도로 높은 비타민 C를 함유하고 있다. 이는 기미와 주근깨 등의 치료에 도움이 된다. 아토피성 피부 개선에도 도움을 주는 것으로 알려져 있다. 파프리카에도 함유되어있는 베타카로틴 성분은 파프리카의 색깔이 붉을수록 많이 들어있다.

양파가 우리 몸에 좋다는 이야기는 이미 널리 알려져 있다. '식탁 위의 불로초'라고도 불릴 만큼 의학적 효능이 많다. 대표적으로 우리 몸에 쌓인 독소를 배출하는 효과 외에도 피부 개선과 관련된 여러 가지 효능이 있다. 양파도 앞서 언급한 단호박처럼 콜라겐 생성을 돕는다. 콜라겐은 세포를 재생시키는 역할을 한다. 매끈하고 윤기 있는 피부를 만들기 위해서는 충분한 양파를 섭취해 주는 것이 좋다. 콜라겐은 피부뿐만 아니라 머리카락을 두껍고, 튼튼하고, 윤기 나게 만든다. 직장 생활을 시작하면서 모발관리에 소홀해지는 직장인들이 있기 마련이다. 무심코 머리를 감으면서 적어진 숱에 당황하게 되는 때도 있다. 양파 섭취를 통해서 최대한 이를 예방할 수 있다.

토마토 역시 피부 개선 효과를 논할 때 빠지지 않는 훌륭한 야채이다. 토마토의 빨간색을 내는 색소는 리코펜이라고 한다. 이 리코펜은 항산화

성분이 높기 때문에 노화 방지에 탁월하다. 또한 토마토에는 수분, 유기산, 비타민C 등이 풍부해서 특히 피부 미백에 도움이 된다. 칼로리에 부담이 없기 때문에 살찔 염려 없이 다이어트 기간에 간식으로 섭취하기 적절한 야채이다.

대학교 2학년이던 2013년 때 보습학원에서 과외 아르바이트를 하던 중이었다. 지도하던 학생이 선생님 손가락이 왜 그러냐고 이야기했다. 무심코 오른쪽 세 번째 손가락을 보았는데 손톱 옆쪽이 각질이 올라온 것처럼 하얀색이었다. 문질러 보았는데 각질처럼 털어서 떨어지지는 않았다. 통증도 전혀 없고 크게 눈에 띄지 않는 부위라서 곧 나아지겠거니 생각했다. 하지만 과외를 할 때마다 학생이 선생님 손에 그거 점점 커진다고 위험한 거 아니냐고 했다. 혹시나 하는 마음에 병원을 찾아가 보니 사마귀라는 진단을 받았다. 그때부터 신경이 쓰이기 시작했다.

문제는 문제라고 인식한 순간부터 진정한 문제로 다가온다. 대수롭지 않게 생각했던 손가락 각질은 사마귀라는 문제로 인식되었고 느낌상 하루하루 커지는 것 같았다. 그로부터 2주, 4주 간격으로 치료를 받았다. 심지어 투르크메니스탄에서 근무할 때도 한약을 3개월분을 챙겨가서 복용하곤 했다. 휴가를 계획할 때도 한 달 전에 병원 스케줄을 먼저 잡고 그에 맞춰서 휴가를 정해야 했다. 사마귀는 지난 6년 동안 나를 괴롭혔다. 치료기간에 검지로 전이되기도 했었다. 다행히 검지 사마귀는 얼마 지나지 않아 곧 사라졌다.

그렇게 나를 괴롭히던 사마귀를 지난 4월에 완치 판정을 받았다. 꾸준한 치료도 도움이 되었지만 깨끗한 식단 관리가 큰 역할을 했다고 확신한다. 식단 관리를 지속한 지 1년 정도 된 후에 비로소 완치가 가능했다. 현재는 흔적도 없이 사라져서 손가락을 볼 때마다 행복하다.

과도한 업무 및 야근과 회식 등으로 나도 모르는 사이에 피부가 안 좋아진 직장인들이 있을 것이다. 깨끗한 식단과 운동이 이를 개선해준다. 무리한 비용을 지불할 각오를 하고 피부과를 먼저 찾기보다는 생활습관을 점검해보자. 의학의 아버지 히포크라테스는 음식으로 고칠 수 없는 병은 약으로도 고칠 수 없다고 했다. 다이어트로 살을 빼면서 피부도 좋아진다. 똑똑하고 경제적으로 세월을 비껴가는 방법이다.

활동을 쉬었다가 오랜만에 날씬해진 모습으로 컴백한 연예인들을 종종 본다. 예쁘고 멋있어진 모습으로 우리 곁으로 돌아온 연예인에게 대다수의 사람은 성형 의혹을 제기한다. 아니나 다를까 연예인은 의혹을 부정하고 다이어트와 운동 덕분이라고 한다. 실제로 우리가 경험해보면 이를 이해할 수 있고 냉소적이기보다는 긍정적으로 받아들일 수 있다. 운동과 다이어트를 고민하는 직장인이라면 도전해 보자. 피부의 탄력을 지키는 것은 물론 생기가 넘칠 것이다. 긁지 않은 복권이었다는 것을 증명할 좋은 기회이다.

제2부
당신만 몰랐던
직장인 다이어트 팁

다이어트에 진심인 직장인이라면
당장 시작해야 할 3가지

주변 환경 및 SNS 정리

환경적인 요소는 원하는 목표를 이루는데 중요한 요소이다. '맹모삼천 지교'(맹자의 어머니가 맹자의 교육을 위해 3번을 이사함)의 교훈을 적용할 필요가 있다. 목표가 다이어트인 직장인이지만 냉동실에는 각종 아이스크림이 가득하고 서랍에 초콜릿, 젤리가 가득하면 안 된다. 이런 환경부터 먼저 바꿔야 한다.

몇 년 전 사무실에서 일할 때, 내 자리를 기준으로 10M 간격으로 양쪽에 복합기가 각각 하나씩 있었다. 어떤 곳에서도 내가 원하는 문서를 출력할 수 있었지만 무조건 왼쪽 복합기만 사용했다. 오른쪽 복합기로 가려면 부서 캐비닛을 지나가야 하고 그 안에는 맛있는 간식들이 항상 구비되어

있었기 때문이다. 그 캐비닛은 크기가 상당히 커서 못 보고 지나칠 수 없다. 그러면 안에 들어 있는 맛있는 과자들이 생각 날 것이기 때문에 그쪽으로의 발길을 아예 끊은 것이다.

SNS 역시 마찬가지다. 다이어트를 하는 직장인이라면 SNS 환경 역시 바꾸는 것을 추천한다. 지인들과의 팔로우 관계를 끊으라는 이야기는 아니다. 다만 무심코 팔로우했었던 맛집 공유 계정, 신상 과자 소개 계정 등은 잠시 끊는 것이 좋다. 그리고 다이어트에 관한 정보를 제공하거나, 같이 다이어트를 하는 사람들의 계정을 팔로우하는 것이 좋다. 예를 들면 @jiukbrunch 와 같이 다이어트 자극 콘텐츠 및 꿀팁이 담겨있는 인스타그램 계정은 팔로우하고 널리 공유하면 좋은 계정이다.

#다이어트시작 #다이어트기록 등으로 해시태그 검색을 해보면 수만 명의 다이어터들의 계정을 발견할 수 있다. 이들과 함께 정보를 주고받고 응원하면서 도전을 이어가면 힘이 난다. 멀리 가려면 함께 가야 한다. 또한 다이어트에 관한 정보를 전문적으로 종합해서 전달해주는 채널을 구독하는 것도 동기부여를 얻는 좋은 방법이다.

본인만의 규칙 정하기

직장인들은 다이어트를 할 때 분명히 제한적 사항들이 존재한다. 일단 마음대로 시간을 통제할 수가 없다. 조직 내에서는 정해진 점심시간이 있기 때문에, 본인의 편의대로 업무시간을 점심시간으로 사용할 수는 없다. 또한 업무량에 따라서 야근을 할 경우도 있다. 그렇기 때문에 운동을 못

하는 경우도 발생할 수 있다. 빠질 수 없는 회식이 있는 경우도 마찬가지다.

직장인 다이어터들에게는 적절하고 융통성 있는 본인만의 규칙이 필요하다. 너무 무리하거나 타이트한 계획은 지키지 못하는 날이 많아서 오히려 포기하게 될 수도 있다. 예를 들면 다음과 같은 규칙들이 적절하다.

"일주일에 4일 이상 점심에는 다이어트 도시락 먹기."

"매일 출퇴근 중 한 번은 계단으로 다니기(엘리베이터 사용 X)"

"토요일, 일요일 중 하루는 일찍 일어나서 공복 유산소 운동하기"

등을 추천할 수 있다.

높은 목표를 설정하고 벽에 부딪칠 때마다 목표 기준을 낮추는 방법보다는 그 반대를 추천한다. 충분히 지킬 수 있는 수준의 융통성 있는 규칙들을 만들고 조금씩 높여나가는 것이 좋다. 이렇게 해야 하루하루 지킬 때마다 자존감이 높아지고 뿌듯함을 느낄 수 있으며 내일도 할 수 있다는 긍정적인 자신감으로 이어진다.

포기해야 할 것들 정하기

현재는 TV를 잘 보지 않지만 몇 년 전까지 가장 좋아하는 프로그램을 꼽으라면 한 국민 MC가 진행했던 도전하는 프로그램이었다. 모든 에피소드가 너무 재밌었지만 그중에서도 단연 좋아하는 것은 '추격전' 시리즈였다. '추격전'에서 국민 MC는 구성원들 중 나이가 어린 편이 아닌데도 불구하고 돋보이는 강한 체력을 보여준다. 그는 프로그램 300회 특집에서 그 비결을 살짝 언급했다. 그는 체력을 요구하는 에피소드 등에서 좋은 모습을 보여주기 위해서 담배를 포기했다고 한다. 그는 한 가지를 포기하지 않으면 다른 한 가지를 얻을 수 없기 때문에, 방송을 위해 흡연을 포기하지 않을 수 없었다고 이야기했다.

다이어트 역시 마찬가지다. 내가 하고 싶은 모든 것을 다 하면서 다이어트를 성공적으로 해 낼 수는 없다. 언젠가 원하는 목표에 도달할 수는 있겠지만 시간이 다소 오래 걸림은 감수해야 한다. 보다 효율적인 다이어트를 위해서는 포기해야 하는 것들을 정하고 일정 기간 확실하게 끊을 수 있는 결단력이 필요하다.

6년 차 직장인의 입장에서 다이어트를 할 때 가장 포기하기 힘들었던 것이 잠이었다. 직장을 다니면서 식단관리를 하고 운동을 하려면 해야 할 부수적인 일들이 많다. 식단을 만들기 위해 요리를 해야 하고 또 설거지를 해야 한다. 그리고 운동을 매일 하기 때문에 운동복 빨래 역시 매일 해야 한다. 기존에 하던 집안일에 더해서 추가적인 것들이 많이 생겨난다. 어쩔 수 없이 잠을 포기하게 되는 경우가 발생하기도 했다.

하지만 그렇게 바쁘게 생활하다 보니 잠의 소중함을 알 수 있었고 한 번 잠을 잘 때 깊이 잘 수 있었다. 그리고 계획했던 하루 목표를 모두 이루고 조금 자는 것이 그렇지 않은 상태로 많이 잘 때 보다 잠이 잘 왔다.

처음에는 물론 힘들 수 있겠지만 좋아하는 것을 어떤 것을 포기 한 삶도 곧 익숙해진다. 포기한 것에 연연하기보다는 포기함으로써 얻는 또 다른 가치에 집중한다면 더욱더 긍정적인 자세로 도전을 이어갈 수 있다.

다이어트와 운동에 도움을 주는
참신한 역발상 4가지

우리가 생각하는 것보다 말의 힘은 강력하다. 컵에 반 정도 채워져 있는 단백질보충제를 보고 '반밖에 안 남았네.'라고 말할 수도 있고 '반이나 남았네'라고 할 수도 있다. 운동경기를 할 때도 마찬가지이다. 경기 시간이 다 되어서 '이제 끝났어.', '다음 경기 때 잘해야지'라고 생각하는 선수들도 있지만 '끝날 때까지 끝난 게 아니다'라는 생각으로 더 열심히 뛰는 선수들도 있다. 기적적인 역전 골이나 버저비터(농구에서 종료를 알리는 음에 맞춰서 들어가서 골로 인정된 슛)는 대부분 이런 긍정적 생각을 하는 선수들에 의해 이루어진다.

다이어트와 운동을 할 때 지치게 되고 하기 싫어지는 순간이 누구에게나 온다. 이럴 때는 작은 상황도 그럴듯한 이유로 크게 부풀려서 운동과 다이어트를 하지 않는 핑계로 만든다. 그런 상황을 대비하기 위한 참신한 역발상 4가지를 소개하려고 한다.

비 와서 체육관 못 가겠다. (X)
→ 오면 사람이 없으니까 더 좋다. (O)

날씨는 운동하지 않는 아주 좋은 핑계다. 대자연적인 요소는 불가항력적이기 때문에 내 의지와는 상관없어 보이기 때문이다. 하지만 눈이나 비가 오는 날은 더욱더 운동하기 좋은 날이다. 사람이 별로 없기 때문에 여러 가지 운동기구를 기다림 없이 마음껏 사용할 수 있다. 운동을 처음 시작하는 사람의 경우, 사람이 많을 때 운동하는 것을 부끄러워하는 사람이 종종 있다. 그런 사람들에게 사람이 별로 없는 날은 마음껏 운동하고 운동에 익숙해지기 좋은 절호의 찬스이다.

특히 요즘과 같은 시기에는 회원들 간 적정한 거리를 두고 운동하는 것이 필수이다. 사람이 적다면 이러한 위험에서도 자유로울 수 있다. 운동역시 마음 편한 상태로 해야 집중이 잘된다. 비 오는 날씨를 뚫고 운동을하러 가기만 한다면 안전하고 상쾌하게 운동을 할 수 있다. 열정에 감동한 근육이 더욱더 힘을 내 줄 것이고 체지방도 잘 날려 보낼 수 있다.

주말에는 운동을 쉬어도 되지 않을까? (X)
→ 주말에 운동을 쉬면 근육들이 섭섭해하지는 않을까? (O)

운동을 할 때 휴식은 분명히 필요하다. 하지만 간혹 다이어트하는 사람중 주말이면 무조건 쉬어야 한다고 말하는 사람들이 있다. 평일에 식단을칼같이 지키면서 규칙적인 운동을 한 상태라면 주말에 재충전을 위해 하루 이틀 정도 쉴 수 있다. 그러나 평일에 운동을 자주 건너뛰고 다이어트 음식을 먹지 않은 상태에서 주말이 와서 '주말이기 때문에' 쉬는 사람들이 간혹 있다. 경험상 굳이 그렇게까지 휴식을 취할 필요는 없다.

우리에게는 써주길 기다리는 근육들이 기다리고 있다. 평일 동안 충분한 자극을 받지 못한 상태라면 근육들이 더욱더 섭섭해할지도 모른다. 대부분 직장인에게 주말은 일을 쉬면서 여유를 가질 수 있는 시간이다. 하지만 운동량이 부족했다면 주말이라도 조금 운동을 하는 것이 좋다. 섭섭한 근육들을 달래주는 시간도 필요하다. 그러면 근육들도 보답하듯 강력해질 것이다. 강력해진 근육은 운동능력을 향상하고 다이어트 속도에 박차를 가하게 해 줄 것이다.

다이어트할 때 배고픈 게 너무 힘들어서 포기해야겠다. (X)
→고통에 대한 인내심을 기를 수 있는 좋은 시기이다. (O)

물론 다이어트를 할 때는 평소보다 식사량이 적다. 그렇기 때문에 식사와 식사 간 공백 시간에 허기짐이 잘 찾아온다. 다이어트를 몇 번 해본 사람이라면 익숙해지지만, 초반에는 참기 힘들어서 고통스럽다고 느끼는 경우도 있다. '낮말은 새가 듣고 밤 말은 라면이 먹고 싶다' 등과 같은 문장은 이런 고통을 견디지 못한 다이어터들의 입에서 구전된 전설적인 아무말이다. 모든 것을 먹는 것과 연결해서 생각하게 되는 시점이 바로 이 시점이다. 이럴 때 절제를 못 하고 포기해버리는 경우도 더러 있다. 배고픔의 고통이 다이어트에 대한 의지를 이겨버린 것이다. 이런 순간에는 '고통에 대한 인내심'을 기를 수 있는 시기라고 생각하는 것이 좋다.'

'나를 죽이지 못하는 것은 나를 더 강하게 만든다'라는 니체의 말을 떠올려 볼 필요가 있다. 다이어트 기간에 느껴지는 배고픔이 힘들긴 하지만 절대로 죽지는 않는다. 나의 인내심을 길러줄 수 있는 좋은 시기라고 생각하고 천천히 다음 끼니를 기다리면 된다. 그렇게 기다린 후에 먹는 다음 끼니는 비록 다이어트 식단일지언정 정말 맛있을 것이다.

체력이 없어서 운동을 못 하겠다. (X)
→ 체력이 없으니 오히려 운동해서 체력을 키워야겠다. (O)

주위에는 체력이 없다고 말씀하시는 직장인 분들이 많다. 대부분 40대에서 50대분들이 이런 말씀을 많이 하신다. 요즘은 30대 동기들도 종종 이런 얘기를 한다. 일하거나 운동을 할 때 체력이 없다고 느껴질수록 더 운동해야 한다. 물론 무리하지 않는 선에서 조금씩 그 양과 강도를 늘려가야 한다. 체력이 없는 상태에서 마음만 앞선 채로 운동량을 늘리는 것은 좋지 않다. 하지만 조금씩 늘리는 것은 누구나 가능하다. 러닝머신 하루에 5분씩 더 타기, 사이클 5분씩 더 타기, 맨몸 스쾃 5개 더하기 등등 가능한 목표를 잡고 조금씩 늘려나가는 것을 추천한다.

체력은 마음만 먹으면 누구나 늘릴 수 있다. 처음부터 마라톤 42.195KM를 완주할 수 있는 사람은 없다. 1KM, 2KM, 하프 마라톤 등을 뛰어서 체력을 늘리고 도전하는 것이다. 체력이 없다고 느껴진다면 운동을 포기하기보다는 긍정적인 자세로 조금씩 운동량을 늘려보자. 꾸준히 포기하지 않으면 누구나 충분히 원하는 체력을 갖게 될 수 있다.

다이어트를 포기하고 싶을 때
다시 일으켜주는 생각은?

큰 성취감을 느꼈던 과거의 기억

심리학 용어에 Anchoring(닻 내림 효과)라는 것이 있다. 신경 언어 프로그래밍(Neuro Linguistic Programming) 학문에서 쓰이기도 하며, 쉽게 말하면 긍정적인 정서를 쉽게 떠올리는 방법이다. 예를 들면 왼손을 주먹을 쥘 때마다 친구에게 큰 선물을 받아서 기분이 좋았을 때를 떠올리는 것이다. 주먹을 쥐는 신호를 통해 긍정적인 정서(선물 받아서 기분이 좋았을 때)에 닻을 내리는 것이다. 우울하거나 지쳐있던 감정 상태에서 벗어나 긍정적인 상태로 들어가기 위한 하나의 방법이다.

다이어트를 하다 보면 정체기가 온다. 혼자 하는 싸움이 길어지다 보면 지치기 마련이고 포기하고 싶은 부정적인 감정이 들기도 한다. 누가 시켜서 하는 게 아니라 스스로 목표를 정해서 다이어트를 하는 경우 포기가 더 빠를 수 있다. 주변에 다이어트한다는 말만 안 했으면 중도에 포기해도 나 자신밖에 모르기 때문이다. 하지만 이런 상황에서도 포기하지 않고 이겨내는 방법들이 있다. 우선 감정 상태를 컨트롤할 수 있어야 한다. 위에서 언급한 Anchoring 방법을 사용해도 좋다. 핵심은 어떻게 해서든 긍정적인 감정 상태로 돌아가는 것이다. 그러면 다시 시작할 수 있다.

개인적으로 힘들 때 자주 떠올리는 생각은 군 시절이다. 특히 2011년 1월 25일부터 3월 25일까지 8주 훈련을 마치고 1등으로 수료했던 순간을 떠올린다. 입대 당시 개인적인 일들로 인해서 자존감이 낮아진 상태로 육군에 입대했다. 입대 3개월 전에 부러진 손목이 완치된 지 얼마 안 되었을 때여서 몸으로 할 수 있는 것들에 대한 자신감도 없었다. 총 훈련병 202명 중 내 훈련 번호는 202번이었다. 체격이 왜소한 데다가 번호도 맨 끝 번호라서 적당히 눈에 띄지 않게 훈련 시간을 때우고 자대 배치를 받자는 게 내 입대 첫날의 계획이었다.

하지만 훈련소 생활은 첫 주부터 내 계획을 비껴갔다. 번호가 202번인 탓에 모든 교육 및 식사 집합 때마다 주목을 받았다. '202번 번호 끝!'이라는 외침이 내 입에서 나와야 인원 확인이 끝났기 때문이다. '202번 번호 끝!'이라는 외침은 이제 드디어 식사를 할 수 있다는 의미임과 동시에 행군 시 이탈 인원 없이 잘 도착했다는 의미 등 여러 가지 의미를 내포하고 있었다. 의도하지는 않았지만, 주목을 받게 되었고 주목을 받는 만큼 훈련에도 최선을 다했다. 결국 사격 점수, 체력 점수, 구보 점수 등을 합산해서 202명 중 당당히 1등으로 수료를 할 수 있었다. 이 경험은 내 자존감을 높여주기에 아주 적절했다.

다이어트뿐만 아니라 다른 도전을 할 때도 위에서 말한 군 생활 시절을 떠올리면 자신감이 생긴다. 옛날에 나도 한때는 그런 시절이 있었지.... 라고 추억하려는 의도가 아니다. 정체기에서 벗어나기 위해서는 예전에 그 힘든 성취도 해냈으니 이번에도 무리 없이 해낼 수 있다는 생각을 각인시켜야 한다.

큰 성취가 아닌 작은 성취라도 좋다. 생각을 떠올렸을 때 긍정적인 감정 상태로 만드는 것이 중요하다. 이를 반복하면 성취가 나에게는 당연하단 생각이 든다. 한 번 다이어트를 성공한 사람이 또 성공하기 쉬운 이유도 비슷한 맥락이다. 떠올릴 수 있는 행복한 기억들이 많기 때문이다. 나 혼자만 알고 있는 작은 성취의 경험이라도 충분하다. 다이어트에 정체기가 오거나 회의감이 들 때는 꼭 이 방법을 사용해보길 추천한다.

미래의 내가 다이어트라는 목표를 이루었을 때의 모습

Fake it till you make it. 외국에서 쓰는 말로, 목표를 이룰 때까지 이룬 척을 계속한다는 뜻이다. 다시 말해 목표를 이미 이룬 것처럼 계속 행동하면 결국에는 이룬다는 의미이다. 다이어트 후에 내가 변한 모습, 건강을 되찾은 나의 모습을 자주 상상하면 정체기에서 벗어나는 데 도움이 된다. 말로만 이야기하면 잘 와 닿지 않는다. 상상만 하면 내 몸이 바뀌기라도 하는 것처럼 들리기도 한다. 운동과 식단관리를 통해 멋진 몸이 된 본인의 모습을 떠올리면 체지방이 알아서 감소하기라도 하는 것일까?

절대 그렇지 않다. 다만 이상과 현실의 간극을 메울 수 있는 행동을 촉

진하는 계기가 된다. 또한 인생의 초점이 그것에 맞춰지게 되는데, 이것을 무의식적인 필터(filter)가 하나 생기는 것과 비슷하다고 생각한다. (엑셀에서 필터(filter)는 여러 가지 데이터 중 원하는 데이터만 보게 해주는 기능이다) 자동차를 구매할 시기가 되면 무심코 지나쳤던 길거리의 자동차들이 컬러부터 타이어까지 세세하게 눈에 들어온다. 영어에 관심이 없었지만 영어 공부를 해야겠다고 마음먹으면, 길거리의 영어 간판 스펠링도 한번 다시 보게 된다. 무의식적인 생각과 행동이 '자동차', '영어'라는 필터를 거쳐서 나오는 것이다. 무심코 지나쳤던 것들이 필터에서 걸러진 생각에 따라 중요하게 보인다. 이처럼 다이어트 성공에 초점이 맞춰지면 평소에 하던 생각과 행동이 '다이어트'라는 필터를 거쳐서 나오게 된다. 자연스럽게 다이어트에 도움이 되는 방향으로 생각과 행동을 하게 될 것이고 이는 정체기 극복은 물론 빠른 목표 달성에 도움을 준다.

다이어트 4년 차 직장인의 치팅데이
주의할 점 3가지

다이어트를 하는 사람이 손꼽아 기다리는 날이 있다. 바로 '치팅데이'이다. 'Cheating Day'의 의미는 '나의 몸을 속이는 날'이라는 뜻이다. 다이어트 시 내 몸은 지속적인 저칼로리 섭취와 운동으로 인해서 피로해져 있는 상태이다. 이때 평소보다 많은 양의 식사를 섭취함으로써 앞으로 충분한 양의 영양소를 내 몸에 공급할 것처럼 몸을 속이는 것이다. 그러면 우리 몸은 다시 컨디션을 회복하고 몸에 충분한 양의 글리코겐을 저장함으로써 힘을 낼 수 있게 된다. 또한 대사량이 올라가므로 운동 강도를 높이는 데도 도움이 된다.

이러한 긍정적인 영향이 있지만, 항상 과하면 문제가 된다. 또한 이를 자기 합리화의 도구로 사용하는 경우도 문제가 될 수 있다. 다이어트 중 참을성이 부족해서 맛있는 음식을 많이 먹었다고 하기보다는 '치팅데이'를 실시했다고 하면 나 자신을 용서할 수 있다. 나 자신에게 관대해지는 것은 다이어트 실패의 지름길이다.

물론 나도 과자 및 디저트를 굉장히 좋아하는 편이고 일주일에 한두 번 정도는 식단 외 다른 음식을 먹기도 한다. 식단관리 4년 차 직장인으로서 '치팅데이' 주의사항에 대해서 이야기하고 자 한다.

주의 사항 1. 한 번에 많은 당 섭취하지 않기

다이어트가 길어지면 경험하게 되는 신기한 현상이 있다. 평소에는 좋아하지 않았던 음식들에 대한 간절함이 생긴다. 물론 사람에 따라 간절함의 정도는 다르지만 다이어트를 오래 해 본 사람에게서 대부분 나타나는 현상이다.

나 같은 경우는 원래 빵, 혹은 디저트를 좋아하는 사람이 아니었다. 나에게 빵이란 음식은 빠르게 끼니를 해결해야 할 때 먹는 간단한 음식 그 이상 이하도 아니었다. 하지만 다이어트를 하면서 빵을 너무 사랑하게 됐다. 다이어트 식단을 지속하다 보니 단 음식이 너무 먹고 싶었고 특히 한 동안 못 먹는 빵에 대한 갈망이 커졌다. 하지만 '치팅데이' 때 이러한 빵이나 달달한 디저트를 한꺼번에 많이 섭취하는 것은 위험할 수 있다.

기본적으로 다이어트 식단은 설탕, 정제 탄수화물 들을 제한한 음식으로 구성된다. 이러한 식단에 적응된 몸이 한꺼번에 많은 양의 당을 섭취하게 되면 혈당 수치가 급격하게 오른다. 호르몬 수치의 급격한 변화는 우리 몸에 부담을 가져올 수 있고 소화 불량 및 두통을 불러일으킬 수 있다. '치팅데이' 때 당이 많이 들어간 음식을 섭취할 때는 천천히 다른 음식들과 함께 적당량을 섭취하는 것이 좋다.

주의사항 2. 과식하지 말기

물론 '치팅데이' 때는 다이어트 식단을 섭취하는 것보다는 많은 양의 음식을 먹는다. 하지만 간혹 제어가 안 돼서 필요 이상으로 과식하게 되는 경우가 있을 수 있다. 물론 철저한 식단과 규칙적인 운동을 이어 왔다면 '치팅데이' 때 먹는 음식들로 인해 증가하는 체지방의 양은 크지 않다. 하지만 다이어트를 오래 하다 보면 보상심리로 인해 포만감이 느껴지는 순간이 지났는데도 불구하고 제어하지 못하고 계속 먹는 경우가 생긴다. 이렇게 필요 이상의 과식을 하게 되면 아무래도 살이 찔 각오를 해야 할 것이다.

또 한 가지 과식의 위험성은 소화 및 내분비계 교란이다. 앞서 말했듯이 다이어트 때는 우리 몸이 건강한 식단과 규칙적인 운동에 적응된 상태이다. 이때 갑자기 고칼로리 음식들이 과하게 들어오면 우리 몸은 이 음식들을 분해하고 저장하기 위해 과로를 하게 된다. 분비되는 호르몬의 양이 평상시와 달라지고, 각각의 영양소의 소화 및 흡수를 위해 내장기관들은 바쁘게 움직인다. 규칙적인 소화 및 배설 체계에 혼란이 올 수 있다. 이를 염두에 둬서 '치팅데이'라도 적절한 포만감을 유지할 정도로만 섭취하는 습관을 들여야 한다.

주의사항 3. 내일의 나를 배려하기

일주일 혹은 한 달 동안 열심히 다이어트 식단을 지켰다면 '치팅데이'는 '어제의 나'들이 모여서 '오늘의 나'에게 주는 선물이다. 선물은 감사히 받고 즐겨야 한다. 하지만 다이어트 기간이 아직 끝나지 않았다면 '내일의 나'를 배려해야 한다. 앞서 말했듯이 '치팅데이'때 필요 이상의 과도한 당을 섭취하거나 소화 체계의 교란이 올 정도의 과식을 하는 것은 '내일의 나'를 배려하는 것이 아니다.

'치팅데이'의 여파가 다음 날까지 미치게 하면 지속적인 다이어트에 부정적인 영향을 끼친다. 속은 더부룩하고 부종으로 인해 팅팅 부은 모습은 새로운 다이어트의 한 주의 시작에 도움이 되지 않는다. 때문에 '치팅데이'를 할 때 추천하는 것은 점심 혹은 조금 늦은 오후까지는 먹고 싶은 것을 먹되, 저녁부터는 깨끗한 음식으로 돌아오는 것을 추천한다.

이렇게 우리 몸에 조금씩 변화의 신호를 줘야 다음 날 다이어트 식단으로 하루를 시작하는 데 큰 무리가 없다. '어제의 나'로 인해서 오늘 행복을 누린 만큼, '오늘의 나'도 '내일의 나'에게 민폐는 끼치지 말아야 한다. 이런 생각으로 '치팅데이'를 갖게 되면 치팅 음식들도 최대한 깨끗하고 건강하게 먹을 수 있게 된다.

다이어트의 시작을 방해하는
대표적인 오해 3가지

다이어트에 관해서 직장인들이 흔히 하는 오해들이 몇 가지 있다. 내가 만나본 몇몇 직장 동료들은 다이어트를 해서 건강한 몸을 만들고자 하는 의지는 투철했다. 하지만 오해하고 있는 몇 가지 부분 때문에 시작하지 못하고 있었다. 4년 동안 다수의 다이어트를 한 경험을 통해서 동료들이 하는 오해 중 대표적인 3가지를 바로잡고자 한다.

다이어트하는데 돈이 많이 든다?

'No money No muscle' '돈 없이는 근육도 없다.' 피트니스 관련 커뮤니티에서 널리 알려진 이야기이다. 물론 전문 보디빌딩 선수처럼 몸을 만들려면 어느 정도 금전적인 부분이 뒷받침되어야 함은 분명하다. 근육을 유지하기 위해 3끼, 4끼 많으면 5끼까지도 식사를 해야 한다. 이 외에도 부가적인 영양제, 태닝 등의 관리에도 적지 않은 비용이 소모된다. 하지만 직장인 수준에서 건강한 몸매를 위한 다이어트는 알뜰하게 진행할 수 있다.

다이어트를 하게 되면 한 끼니를 약 3,000원 내외로 구성할 수 있다. 예를 들어 고구마 150g, 닭가슴살 100g, 파프리카와 양파 1인분 등으로 한 끼를 구성하면 2,000원 후반대로 구성이 가능하다. 간단한 외식 메뉴라고 할 수 있는 짜장면 한 그릇을 사 먹어도 3,000원은 훌쩍 넘는다. 또한 대부분 직장 구내식당의 가격도 4,500 정도에 형성된다. 이에 비교하면 다이어트 식단은 훨씬 저렴하면서 영양가도 높다. 현명한 소비를 통해 저렴한 예산으로 식단을 구성할 수 있다.

PT(Personal Training)를 받아야 한다?

건강한 몸을 만들기 위해서 반드시 PT(Personal Training)를 받아야 할까? 시간적 여유가 허락하고 배움에 대한 의지가 있다면 좋은 Trainer 선생님께 배우는 것을 추천한다. 하지만 필수는 아니다. PT를 받지 않고도 보기 좋고 건강한 몸을 충분히 만들 수 있다. 예전과 달리 요즘에는 운동에 관한 정보가 아주 많다. 인터넷 검색, 유튜브 동영상 등을 보고 충분히 식단을 구성할 수 있고 운동에 관한 지식을 얻을 수 있다.

한 가지 TIP은 운동과 다이어트 관련 커뮤니티에 가입하는 것이다. 다이어트 혹은 운동 관련 키워드로 검색을 했을 때, 상위권에 나오는 카페는 대부분 많은 사람이 활동하고 데이터도 많은 곳이다. 5년 이상의 역사가 있고 많은 수의 네티즌이 활동하는 곳이면 검증된 커뮤니티라고 봐도 무방하다. 커뮤니티에 모르는 부분을 질문하면서 피드백을 요청하면 많은 분께서 나서서 도와주신다. 본인의 팁과 노하우, 올바른 운동의 방향성을 짚어주시는 운동 선배분들이 우리나라에 굉장히 많이 계신다. 올바른 에티켓을 지켜가면서 커뮤니티 활동을 적극적으로 하면 얻어 갈 수 있는 정보는 무궁무진하다. 다이어트도 하면서 건강한 피트니스 문화를 만드는 데 일조할 수 있다.

무조건 적게 먹어야 한다?

공중파의 한 프로그램에서 '능력자'로 유명한 몸짱 연예인님도 '굶어서 하는 다이어트는 다이어트가 아니다'라고 이야기하신 적이 있다. 영양소를 골고루 배합한 식단을 적절히 먹으면서 건강하게 운동하는 것이 다이어트의 정도이다. 절대적인 식사량만을 줄여서는 절대로 건강한 다이어트를 할 수 없다. 설사 극단적인 소식으로 원하는 몸무게에 도달한다고 해도 금방 다시 살이 찔 확률이 높다. 본인의 기초대사량과 활동량을 토대로 유지 칼로리를 설정한 후, 천천히 섭취 칼로리를 줄여나가야 한다. 처음부터 너무 낮은 식사량으로 다이어트를 시작하게 되면 우리 몸은 이에 적응하게 된다. 얼마 지나지 않아 정체기를 맞게 되고, 식사량을 더 줄일 수 없는 상황에 도달하게 되면 지쳐서 포기하기 쉽다.

직장 동료 혹은 친구들이 다이어트에 관한 질문을 많이 한다. 식단 관리를 시작하려고 하는데 어떻게 구성해야 하는지, 닭가슴살은 몇 그램을 먹어야 하는지 등 다양한 질문을 한다. 물론 도움이 될만한 선에서는 경험을 토대로 충실한 답변을 해주려고 노력한다. 하지만 제일 먼저 습관부터 천천히 바꾸라고 이야기한다. 음주를 줄이고, 간식을 줄이고, 정제 탄수화물을 줄이는 것부터 시작하라고 한다. 첫술에 배부르려고 하지 말고 '천릿길도 한 걸음부터 가야 한다'라는 속담을 떠올려 볼 필요가 있다.

다이어트 중 살이 잘 안 빠지면
꼭 짚어봐야 할 3가지

먹고 있는 음식의 성분

다이어트와 올바른 식단 관리를 하면서 음식의 성분을 아는 것은 중요하다. 이와 더불어서 칼로리 역시 중요하다. 많은 전문가가 칼로리는 숫자일 뿐이니 너무 집착할 필요는 없다고 이야기한다. 하지만 음식의 영양 성분과 칼로리에 대한 지식은 식단 구성을 하는데 방향성을 잡을 수 있도록 도와준다. '맛있으면 0칼로리'와 같은 이야기는 이 장에서는 잊어야 한다.

예를 들면, 건강한 느낌이 들면서 다이어트 음식 같아 보이는 것 중에 은근히 칼로리가 높은 것들이 있다. 대표적으로 죽 같은 경우가 그렇다. 우리가 죽을 먹는 경우를 머릿속으로 떠올려 보면 아플 때이다. 그 때문에 죽은 아픈 사람이 건강을 회복하기 위해서 먹는 음식이라는 생각이 자리

잡게 된다. '건강을 회복하기 위해서 먹는 건강한 음식 = 죽'이라는 등식이 성립한다. 그래서 다이어트할 때 간단하게 죽으로 식사를 하는 사람이 있다. 물론 소화기관에 염증이 생겼을 경우나 피로할 때 죽을 먹는 것은 도움이 된다.

하지만 다이어트할 때는 생각을 다시 해 보아야 한다. 흔히 편의점에서 파는 전복죽을 예로 들면, 백미로 만든 형태이다. 적은 양이지만 칼로리도 생각보다 높고 또한 정제 탄수화물로 되어있음으로 소화흡수가 빠르다. 금방 허기짐을 유발하게 되기도 한다. 건강해 보인다고 해서 음식을 선택하기보다는 정확한 성분을 파악하는 것이 중요하다.

견과류 역시도 굉장히 건강한 음식이라는 이미지가 떠오른다. 하지만 호두, 브라질너트 같은 견과류는 좋은 지방이긴 하지만 칼로리도 높다. 또한 견과류를 탄수화물 원으로 섭취하는 사람들이 많은데 물론 탄수화물도 많지만 훌륭한 지방 공급원에 가깝다. 적당히 섭취하는 것을 넘어서 자주, 그리고 많이 섭취하는 것은 다이어트에 큰 도움이 되지 않는다.

운동 강도

다이어트할 때 살이 빠지지 않는다면 본인의 운동 강도를 다시 한번 돌아보아야 한다. 예전에 한 피트니스 센터에서 운동을 할 때, 친구로 보이는 남성 두 분이 운동하러 오셨다. 내 운동에 집중하고 있어도 다른 분들이 한 시야에 들어오는 작은 PT샵 규모의 센터였다.

한 분은 열심히 땀을 흘리면서 턱걸이를 하고 계셨다. 반면 고급 운동화와 트레이닝복을 입은 다른 한 분은 덤벨을 벤치 위에 올려놓고 대부분의 시간을 앉아서 스마트폰을 하면서 보냈다. 이따금 하는 운동 1세트 후에는 전신 거울 앞에서 사진을 꼭 찍었다. 30분 정도 후에 본인의 SNS 계정에 '운동 2차전 끝'이라고 피드를 올렸다면서 친구분에게 집에 가자고 말했다. 한 번을 제대로 하는 것이 저렇게 두 번이나 하는 것보다는 낫다는 생각이 들었다.

시간과 횟수만 채우는 운동은 진정한 운동이 아니다. 운동이 잘 안 되거나, 다이어트가 안 되고 있다면 이런 식이 아닌가 되짚어 보아야 한다. 본인은 나름 운동을 한다고 생각하지만, 객관적으로 봤을 때 강도가 낮은 수준일 수 있다. 정체기가 오거나 살이 잘 안 빠진다면 최선을 다하고 있는지 돌아보고 강도를 올려야 한다.

음식을 먹는 타이밍

음식을 먹는 타이밍 역시 다이어트에 영향을 미칠 수 있다. "언제 음식을 먹는 게 중요한가?"라는 명제에 대해서는 전문가들의 의견이 분분하다. 음식을 먹는 타이밍 자체는 중요하지 않고 하루 총 섭취 칼로리가 중요하다고 하는 사람이 있는가 하면, 타이밍이 많은 것을 좌우한다는 사람도 있다. 개인적으로는 타이밍 자체가 중요하기보다는 적절하게 끼니를 나눠서 섭취하는 게 중요하다고 생각한다. 물론 이 결론은 4년간 식단관리를 몸소 하면서 얻은 나의 데이터이다.

하지만 개개인의 특성은 모두 다르기 때문에, 살이 안 빠진다면 변화를 시도해 보는 건 좋다. 본인에게 맞는 방법을 찾아가는 것이 무엇보다 중요하다. 타이밍이 중요하다고 말하는 전문가들 역시 통계적인 자료와 과학적 사실을 기반으로 주장을 하고 있다. 본인이 영양소가 골고루 배합한 식단을 일정한 시간에 섭취하는데 살이 안 빠진다면 타이밍을 바꿔 볼 필요가 있다. 16:8 간헐적 단식이라든지 12:12 간헐적 단식은 식사 타이밍을 조절하는 방법이다. 통계자료를 보고 검증된 방법으로 시도한다면 충분한 효과를 볼 수 있다.

다이어트 4년 차,
직접 해본 식욕 절제 방법 TOP 3

평소에는 없던 식욕이 다이어트만 시작하면 다시 살아나는 것 같을 때가 있다. 심리적인 요인도 분명히 작용한다. 목표로 잡은 기간까지 절제해야 한다고 생각하니까 괜히 더 먹고 싶은 유혹이 생긴다. 나 역시도 여러 번의 다이어트를 하면서 오조오억 번의 충동을 느꼈다. 그럴 때마다 이 식욕을 없애기 위해서 다양한 방법을 사용해 봤다. 때로는 과학적인 근거에 의한 방법보다 경험에 의한 방법이 효과적일 때가 있다. 이 글에서는 내가 사용했던 방법 중 꽤 효과가 좋았고 가성비 또한 탁월한 방법을 소개하려고 한다.

립밤 바르기

립밤을 입술에 발라주는 것만으로도 식욕을 억제하는 효과를 볼 수 있다. 누구나 살면서 한 번쯤은 음식을 먹을 때 음식에서 화장품 향기를 함께 느껴본 적이 있을 것이다. 음식을 준비한 사람이 핸드크림을 바른 지 얼마 안 된 손으로 음식을 준비했을 수도 있다. 또는 향수를 진하게 뿌린 상태에서 요리했을 경우도 있다. 이 상태에서는 아무리 맛있는 음식이어도 식욕이 감소한다. 립밤을 바르는 것도 비슷한 효과를 만들어 낼 수 있다. 립밤의 달달하고 좋은 향은 우리가 주로 섭취하는 음식과 어울리지 않는 경우가 많다. 실제로 한 화장품 회사에서는 식욕 억제 립밤을 출시하기도 했다. 다이어트 허브라고 불리는 펜넬 성분이 함유된 식욕 억제 립밤을 로드샵에서 어렵지 않게 구매할 수 있다.

가글하기

립밤 바르기와 비슷한 효과를 주는 방법이다. 입안에 화학적인 향기가 돌게 함으로써 식욕을 줄이는 방법이다. 이 방법에는 심리적인 효과도 추가된다. 가글함으로써 우리는 입안의 세균을 죽인다. 일정 시간 동안 치아를 보호하는 효과를 얻을 수 있다. 그렇기 때문에 바로 식사를 하게 되면 가글의 효과를 온전히 얻지 못하게 된다. 적어도 입에서 가글의 잔여 향이 모두 없어질 때까지는 다른 음식을 먹기가 조심스러워진다. 치아 건강도 챙기면서 식욕도 억제하는 방법이다. 다만 가글을 너무 자주 하는 것은 좋지 않다. 강한 허기짐이 느껴질 때 하루 1~2회 정도 사용하면 좋다.

낮잠 자기

사람에 따라 다르지만 자고 일어나면 식욕이 없는 사람들이 있는데 내가 그렇다. 이런 성향을 가진 사람에게 추천하는 방법이다. 회사에서 근무하는 직장인들 같은 경우에는 평일에는 제한되는 방법이다. 주말에 한 번쯤 시도해 보면 좋다. 다이어트 기간에 주말에 쉬게 되면 나도 모르게 음식에 손이 갈 때가 많다. 평일에는 업무에 집중하느라 음식 생각이 덜 나지만 휴일에는 더 참기 힘들 수가 있다. 식사와 식사 사이에 잠깐의 낮잠을 자면 충분히 식욕을 억제하는 효과를 볼 수 있다.

내 경험상 식욕은 빠르게 강한 허기짐을 유발하기도 하지만 또 그 시간을 넘기면 언제 그랬냐는 듯 사라진다. 인터넷을 찾아보면 식욕을 억제해주는 제품들도 많다. 알약, 차 등 여러 가지가 있지만 이런 것에 지출하기보다는 위 방법들을 사용해 보자. 충분히 식욕을 참을 수 있고 다이어트 성공에 대한 자신감을 가질 수 있을 것이다.

내 살 잘 빠지고 있나?
다이어트 측정 지표 3가지

다이어트를 하다 보면 주변 사람들의 반응에 민감해지는 경우가 있다. 내가 보았을 땐 아직 많이 부족한데 주변에서는 많이 빠졌다고 하고, 어느 정도 많이 뺀 것 같은데 주변에서는 잘 모르겠다고 하는 경우가 많다. 나의 다이어트는 잘 진행되고 있는 것일까? 몇 가지 지표들을 통해서 진행 상황을 점검해 보는 것이 필요하다. 대표적인 다이어트 지표 3가지를 통해서 본인의 상황을 어느 정도 파악해 볼 수 있다.

눈바디

눈으로 체크하는 체성분 측정이라는 뜻이다. 유명 체성분 측정기 제조 업체의 이름과 눈을 조합해서 '눈바디'라는 단어가 탄생했다. '눈바디'를 측정하는 방법에는 여러 가지가 있지만, 대표적으로 같은 시간에 같은 장소에서 찍은 사진의 변화로 다이어트의 진행 상황을 파악하는 방법이 있다. 사진은 공간의 조명과 각도에 따라서 조금씩 다르기 때문에 '눈바디'를 측정할 때는 같은 장소에서 촬영하는 것이 효과적이다. 개인적으로 가장 추천하는 방법이다. 하지만 매일 같은 시간에 같은 장소에서 사진을 찍으면서 기록하는 것이 쉬운 것은 아니다. 본인만의 루틴을 만들어서 규칙적으로 진행하는 것이 좋다.

예를 들면 아침에 일어나서 바로 화장실에서 체크하거나, (운동 시간이 거의 일정하다면) 운동 후에 샤워하고 체크를 하는 방법이 있다. 하지만 피트니스센터에서 샤워하고 나와서 탈의실에서 사진을 찍는 것은(사람이 없더라도) 오해의 소지를 불러일으킬 수 있다. 그렇기 때문에 피트니스센터에서는 눈으로 확인만 하고 사진은 집에서 찍는 것을 추천한다. 개인적으로는 태닝 샵이 '눈바디' 체크하기 좋은 곳이라고 생각한다. 태닝 샵은 구조상 태닝 기계가 있는 공간에 1명씩 입장을 한다. 혼자만의 공간에서 '눈바디'체크를 할 수 있고 대부분 전신 거울이 있기 때문에 사진을 찍는데도 큰 제약이 없다. 하지만 '눈바디'를 위해서 굳이 태닝샵을 등록할 필요는 전혀 없다.

스킨(Skin) 상태 확인

다이어트로 인해서 체지방이 감소함에 따라서 피부층이 얇아진다. 우리 몸은 부위별로 지방 분포 비율이 각각 다르다. 지금 바로 본인의 손등 피부를 잡아당겨 보자. 그러고 나서 뱃살을 잡아당겨 보고 비교를 해보자. 손등에서 늘어난 피부가 훨씬 더 얇게 느껴진다. 뱃살이 두껍게 잡히는 이유는 배에 체지방이 더 많이 저장되어 있기 때문이다.

인류는 직립보행을 시작하면서 이동 시 무게 중심의 안정감을 위해서 체지방을 주로 배에 저장하도록 진화되어 왔다. 말단 부위인 손과 발, 혹은 머리에 체지방이 저장되었다면 움직임이 많이 불편했을 것이다. 이처럼 몸에는 지방이 많이 축적된 부위가 존재하고 이 부위들을 잡아봄으로써 다이어트 상태를 확인할 수 있다. 다이어트가 진행될수록 뱃살이 얇게 잡히는 것이 느껴질 것이다. 뱃살 외에도 사람마다 측정 기준은 다르다. 피트니스 대회를 준비할 당시 나를 지도해 주셨던 선생님은 어깨와 팔이 만나는 지점의 스킨을 잡아보셨다. 신기하게도 피트니스 대회가 가까워져서 '체지방률'이 거의 3%에 가까워졌을 때는, 이 부분도 손등의 피부처럼 얇게 잡히는 것을 확인할 수 있었다. 사람에 따라서 엉덩이, 종아리 등의 스킨을 잡아보기도 한다.

체성분 측정

사무직에 종사하는 직장인이라면 아무래도 수치화된 자료들로 구성된 한 장짜리 REPORT에 신뢰를 한다. 피트니스센터 혹은 보건소 등에서 체성분 측정기를 이용할 수 있다. 이를 통해서 우리 몸의 구성성분에 대한 수치화된 정보를 얻을 수 있다. 대부분 피트니스센터에는 가장 대중적으로 많이 판매되는 회사의 제품이 있는 경우가 많다. 요즘에는 손쉽게 살 수 있는 전자 체중계 중에서도 '체지방률' 측정과 비만도 측정이 가능한 것들이 있다. 2~3만 원에 구매가 가능하다.

단순히 체중 감량이 목적이라면 체중계에 올라가서 체중만 재면 된다. 그러나 우리가 체성분을 측정하는 이유 중 하나는 '체지방률'을 알기 위해서이다. 근육량을 최대한 보존하면서 체지방을 감소해야 하는 것이 다이어트의 목적이기 때문에 '체지방률'이 중요한 지표가 될 수 있다. '체지방률'은 체성분 중 지방의 양을 몸무게로 나눈 후 100을 곱한 것이다. 일반적인 남성과 여성의 '체지방률'에 따른 몸 상태는 다음과 같다. (개개인의 차이를 고려하지 않은 일반적이고 대략적인 수치이다.)

여자 '체지방률'

11% 이하

- 단순 운동만으로는 나오기 힘든 근육질 몸매. 보디빌더급의 '체지방률'로 일반인들이 도전하려면 큰 노력이 필요한 '체지방률'이다.

13~15%

- 11%와 마찬가지로 단순 운동으로는 도달하기 힘들고 식단 조절을 병행한 노력이 있어야 만들 수 있다. 보디 프로필 촬영 혹은 피트니스 모델 대회에 출전하는 선수 수준의 '체지방률'이다.

16~19%

- 몸 라인이 예쁘고 마른 느낌이 드는 몸매이다.

20~30%

 – 일반적으로 건강해 보이는 수준의 '체지방률'이다. 30%에 가까워질수록 통통한 느낌이 든다.

35% 이상

 – 운동과 식단 조절이 필요한 '체지방률'.

남자 '체지방률'

7% 이하

 – 보디 프로필 촬영, 피트니스 대회 출전 등을 목표로 할 때 목표로 잡는 수치이다. 일반인들이 도전하기에는 큰 노력이 필요하다. 복근이 뚜렷하게 보인다.

10~12%

 – 말라 보이는 몸매이지만, 적당한 근육을 유지하고 있다. 뚜렷하지는 않지만, 형태가 잡힌 복근이 보인다. 많은 피트니스 선수들이 대회를 준비하지 않을 때 유지하는 '체지방률'이다.

13~16%

 – 일반인들이 건강한 운동을 통해서 충분히 도달할 수 있는 '체지방률'이다. 사람에 따라 다르지만, 복근이 희미하게 보이는 사람도 있다. 일반식을 먹으면서 적절한 운동을 해 주면 충분히 유지할 수 있다.

20~30%

-남자들의 평균 '체지방률'이 속하는 범위이다. 30%로 가까워질수록 배가 나오고 통통해 보이므로 식단 조절과 운동이 필요하다.

30% 이상

- 운동과 식단 조절이 필요한 '체지방률'.

직장인 다이어터의
회식을 대처하는 방법

회식 담당 직원과 좋은 관계 유지하기

회식을 담당하는 직원과는 항상 좋은 관계를 유지할 필요가 있다. 현장에서 근무할 때 관리팀 직원과 원활한 관계를 유지했다. 관리팀 직원은 현장의 예산 및 크고 작은 스케줄에 대해서 업데이트가 제일 빠른 직원이었다. 현장 인원들이 대부분 다 참석해야 하는 전체 회식 같은 경우는 규모가 크다. 따라서 미리미리 장소와 시간을 정해야 한다. 1주 혹은 2주 전에 예약해야 대규모 인원을 수용할 수 있는 곳 섭외가 가능하다. 이 기간에 관리팀 직원은 바쁘게 장소를 섭외한다. 이때 특히 수시로 관리팀 직원과 교류하면서 회식 날짜를 미리 알아 놓아야 한다. 메뉴까지 알게 된다면 더욱 좋다. 운동 스케줄도 그것에 맞게 살짝 조정해서 회식에 크게 영향을 받지 않게 했다.

회식 장소 섭외와 메뉴 선정은 번거롭다. 그래서 순번을 정해가면서 회식 담당 인원을 주기적으로 바꾸는 팀들도 있다. 예산을 담당하는 한 분이 회식 준비를 전담하는 경우도 많다. 대부분의 회식은 법인카드를 사용하기 때문에 한 명이 주관하면 예산 집행과 정산이 편한 장점이 있다. 일단 회식의 일정과 메뉴의 결정에 지대한 영향을 미치는 사람이 누군지 먼저 파악하자. 순번제로 돌아간다면 누구 차례인지도 꼭 알아 놓아야 한다. 그리고 원활한 관계를 유지하면서 미리미리 대비하자. 지피지기면 백전백승이다.

비상 간식 1끼~2끼 분량 구비해 놓기

요즘에는 상온 보관이 가능한 닭가슴살, 닭가슴살 칩, 혹은 고구마말랭이, 단호박 등이 제품으로 잘 나와 있다. 일정 기간 회사 서랍에 보관이 가능하다. 다이어트에 부담스러운 메뉴의 회식이 잡혔고 꼭 가야만 하는 상황이 올 때가 이것들을 섭취할 때이다. 회식 가기 전 짬을 내어서 간식을 먹고 회식 때 최대한 주메뉴를 안 먹는 것도 방법의 하나다. 차에 비상용 식단을 넣어 두고 빠르게 먹은 다음 운전해서 회식 장소로 간 적이 여러 번 있다. 적당히 포만감이 차 있는 상태이기 때문에 회식 메뉴들의 맛있는 냄새를 맡으면서도 의연하게 버틸 수 있었다.

다이어트와 운동에 관한 일관된 태도로 유지했다면

다이어트와 운동에 관해서 일관된 기준을 가지고 평소에 생활해 왔다면, 회식에 대해 고민조차 하지 않을 수 있다. 국내 현장 근무 1년 동안 매일 점심은 다이어트 식단으로 구성한 도시락이었다. 퇴근 후에는 매일같이 운동하고, 1년 동안 8개의 피트니스 대회에 출전했다. 그런 생활을 꾸준히 이어가다 보니 대부분의 동료 직원들이 나의 열정을 알아주었다. 굳이 티를 내지 않아도, 몸이 변화하기 때문에 티가 났다. 현장 내에서 나에 대한 인식이 생겼다. 무슨 일이 있어도 다이어트와 운동을 하는 생활을 아주 철저하게 지키는 이미지였다. 그러자 조금씩 나를 배려해주셨다. 메뉴를 이야기해 주면서 먼저 회식 참석 여부를 묻는 분도 계셨다. 회식에 대한 선택권이 생긴 것이다. 참석하기 힘든 시기에는 정중히 거절했다. 냉소적인 반응은 없었고, 열심히 하라면서 응원도 해주셨다. 만약 내가 그동안 기분과 태도에 따라서 유동적인 태도를 보였다면 이런 배려는 없었을 것이다.

가장 효과적인 방법이면서도 과정이 힘든 방법이다. 10시에 통금이 있는 친구가 있다고 가정을 해 보자. 이 친구는 즐겁게 놀다가도 칼같이 10시면 집에 들어간다. 그런 생활을 일정 기간 반복하면 주변 친구들도 더는 그 친구에게 밤늦게 연락하지 않는다. 하지만 이 친구가 본인의 기분에 따라서 10시를 넘기는 일이 간혹 있었다고 해 보자. 그러면 밤늦게 불러도 올 가능성이 있다고 생각해서 친구들은 계속 유혹을 할 것이다. 통금이 있는 친구가 이에 응하지 않는다면 친구들은 실망할 것이고, 우정을 의심하는 상황이 올 수도 있다.

다이어트도 1년 내내 하는 것은 아니다. 보디 프로필이나 목표로 하는 대회가 끝나고 일정 기간은 맛있는 것도 먹고 즐겁게 운동했다. 이러한 다이어트에 대한 부담이 없는 시기에 회식이 있었다. 맛있는 음식을 동료들과 함께하면서 제가 부장님 차장님들 덕분에 좋은 성적을 거두었습니다. 감사합니다. 이렇게 말씀드렸더니 좋아하셨고, 즐거운 시간을 보낼 수 있었다.

굳이 고른다면 이것을 먹자

– 다이어트에 부담 없는 회식 메뉴 TOP 4

간혹 회식이 잡혔는데, 본인이 메뉴를 선정해야 하는 입장에 놓일 수 있다. 부득이하게 꼭 참석해서 식사해야 하는 자리를 대비해서 근처의 음식점을 알아두어야 한다. 다이어트하는 직장인들이 섭취해도 큰 부담이 없는 메뉴들을 소개하겠다.

(1) 샤브샤브

다양한 채소들과 단백질을 섭취할 수 있다. 여러 가지 재료들을 차례대로 천천히 익혀 먹어야 하는 음식이기 때문에 폭식하지 않는다. 채소나 버섯, 고기 등은 적당한 포만감이 들 때까지 먹어도 된다. 다만 소스에는 설탕이 들어가 있기 때문에 아주 살짝 만 찍어 먹도록 하자. 떡 어묵 칼국수

죽 만두 등의 탄수화물이 많이 함유된 사리는 피하는 것이 좋다.

최근 들어 마라 육수를 넣어서 끓인 훠궈집이 많이 생겼다. 샤부샤부와 먹는 방법이 크게 다르지 않다. 매운맛이 강한 육수에 사리를 넣어서 먹는 음식이다. 건더기 위주로 적절히 조절해서 먹으면 좋다. 또한 젊은 층에 인기가 있는 음식이므로 회식 메뉴로 추천이다.

(2) 고기

과한 양념이 되어있지 않은 고기라면 소, 돼지, 양, 닭 등이 종류에 크게 상관없이 좋다. 다만 양념장은 조금만 찍어 먹도록 하자. 쌈장 한 스푼에 도 적지 않은 양의 당질이 존재한다. 쌈 채소는 여러 번 리필해서 먹어도 좋다. 식이섬유가 많이 함유되어있는 쌈 채소는 아삭아삭한 식감뿐만 아 니라 포만감을 준다. 양념갈비, 닭갈비, 제육볶음, 찜 닭 등 양념 많이 되어 있는 것은 당이 많아서 피하는 것이 좋다. 후식으로 나오는 찌개는 건더기 위주로 먹고 냉면이나 밥 혹은 라면은 피하도록 하자. 계란찜 정도는 가능 하다.

(3) 회

회식 메뉴로 회를 선정하는 것은 바람직하다. 광어와 같은 흰 살 생선, 참치나 연어 같은 붉은 살 생선 등 종류에 상관없다. 소스를 찍을 때는 주 의해야 한다. 초고추장에는 설탕이 듬뿍 들어가 있음으로 고추냉이나 간 장 등을 찍어 먹도록 하자. 생선 본연의 맛을 느끼기 위해서 생선만 섭취 하는 것도 추천한다. 밑반찬을 먹을 때는 양념이 되어 있지 않은 해조류, 해산물 등 가리지 않고 먹어도 좋다. 다만 탄수화물과 지방이 많은 튀김,

알 밥, 콘 샐러드 초밥 등은 피한다.

(4) 스테이크 하우스

연말이나 큰 행사가 있는 경우 스테이크 하우스도 적당한 회식 장소이다. 스테이크를 먹을 때, 소스는 별도로 따로 담아달라고 이야기해야 한다. '부먹'보다는 '찍먹'이 다이어트에 효과적이다. 식전에 준비되는 수프는 가능하면 샐러드로 교체하는 것이 바람직하다. 스테이크에 곁들이는 사이드 메뉴로 나오는 감자나 고구마, 볶음밥은 탄수화물이다. 따라서 더운 채소로 변경하는 것이 바람직하다.

이렇듯 메뉴만 잘 선택한다면 다이어트하는 중이라도 즐거운 회식을 할수 있다. 또한, 다이어트에 도움이 되는 회식 장소를 잘 알아 두었다가, 다같이 모여서 장소를 선정할 때 바로바로 이야기해 보자. 동료들이 고민하는 시간을 덜어 주는 센스 있는 직장인으로 거듭날 수 있다. 또한, 제일 먼저 이야기한 메뉴가 채택되는 경우가 경험상 가장 많았다.

제3부

꼭 기억해야 할 다이어트에
좋은 습관들

다이어트 4년 차 직장인이 말하는
절제력보다 중요한 이것

실행력의 중요성

4년째 식단관리와 운동을 병행하면서 돌이켜보니, 다이어트에는 절제하는 능력이 정말 중요하다. 먹고 싶은 음식이지만 참아야 하고, 마시고 싶은 술이지만 참아야 한다. 이 절제력이 부족할 경우 다이어트 기간이 필연적으로 길어진다. 하지만 잘 참아내고 꾸준히 식단관리와 운동을 병행하면 건강한 몸을 얻는 것과 동시에 절제하는 능력도 길러진다.

하지만 절제하는 능력이 있어도 다이어트에 실패하는 사람이 있다. 이는 대개 실행력이 부족한 경우이다. 다이어트의 방법이 본인과 맞지 않거나 변화가 필요한 시점에서는 과감한 실행력이 필요하다. 실행력이 잘 갖추어진 상태에서 비로소 빠르게 본인이 원하는 목표를 이룰 수 있다. 그렇다면 다이어트할 때 실행력이 필요한 구체적인 이유는 무엇이 있을까?

1. 다이어트에는 다양한 시도가 필요하다.

세상에는 수많은 종류의 다이어트가 있다. 100명의 사람이 존재한다고 하면 100개의 다이어트 방법이 있다고 해도 과언이 아니다. 사람마다 체질과 특성이 다르기 때문에 정확히 동일한 방법은 존재할 수 없다. 어떤 사람한테 맞는 다이어트가 또 다른 사람이 시도했을 때는 살이 안 빠지는 경우도 흔하다.

본인의 다이어트에 문제가 있다고 생각되거나 정체기라고 느껴진다면 빠르게 다른 방법으로 실행을 옮겨야 한다. 완전히 다른 방식의 접근도 가능하고 다이어트의 강도를 크게 높이는 것도 좋다. 중요한 건 빠르게 실행에 옮기는 것이다.

물론 다이어트의 방식에 변화를 주었을 때 본인에게 안 맞을 수도 있다. 그럴 때 또 빠르게 변화를 주어서 다르게 실행을 해 보면 된다. 이렇게 빠른 실행이 연속되면 본인에게 안 맞는 방법들을 소거해낼 수 있고 결국에는 잘 맞는 방법을 찾을 수 있다. 하지만 실행력이 부족하다면 그만큼 본인에게 최적화된 방법을 찾아내는 데 시간이 오래 걸릴 수밖에 없다.

다이어트를 시작하고 첫 2~3년 동안은 정석적인 다이어트 방법을 진행했었다. 구황작물이나 현미밥 등으로 탄수화물 음식을 구성하고, 닭가슴살, 소고기 등으로 단백질을 보충했다. 그리고 야채나 토마토, 아몬드 등으로 구성된 식단을 하루 4끼 섭취했다.

그러던 어느 날 '키토 다이어트'(건강한 지방을 위주로 섭취하는 다이어트)에 관심을 가지게 되었고, 어쩌면 이 방법이 나에게 맞을지도 모른다고 생각하게 됐다. 곧바로 실행에 옮겼고 '저탄 고지'(저 탄수화물 고지방) 식단을 공부했다. 간헐적 단식과 병행하면 시너지 효과가 일어난다는 정보를 얻고 16:8 간헐적 단식도 병행했다. 16시간 공복 후에 첫 번째로 먹는 음식이 고지방 음식인 버터, 치즈, 오리고기, 삼겹살 등이었다. 2주 정도 지속하다가 결국 포기했다. 나와는 맞지 않는 다이어트 방식이었다. 오랫동안 한 방법의 다이어트에 익숙해진 몸이라서 급격한 변화를 받아들이지 못했다. 단식 후에 먹는 첫 끼는 폭식으로 이어졌고 배가 불러서 못 먹을 때까지 먹는 경우가 허다했다. 당연히 살은 빠지지 않고 컨디션도 안 좋았다.

물론 더 지속하고 나에게 맞는 키토 식단을 최적화해서 구성했더라면 좋은 결과가 있었을지도 모른다. 결국 다시 원래 하던 식단으로 음식을 구성했고 신체 리듬은 돌아왔으며 실행력을 통해 '키토 다이어트'는 나에게 안 맞는 것이라는 데이터를 얻었다.

빨리 실행하지 않으면 잊힌다.

실행하겠다는 생각이 들었을 때는 바로 행동에 옮겨야 한다. 그렇지 않으면 잊히기 때문이다. 다이어트를 하는 기간에도 우리는 수많은 생각들을 하게 된다. 어떻게 하면 더 효율적으로 운동을 할 수 있을지, 식단 구성을 잘할 수 있을지 등을 매 순간 떠올린다. 그러면 불쑥불쑥 실행할 수 있는 좋은 아이디어들이 떠오르기도 한다. 그럴 때 실행하지 않으면 영영 잊

한다.

2018년 처음 다이어트 시작을 잘못된 방식으로 진행했었다. 당시 인기 티브이 프로그램에서 한 연예인이 닭가슴살을 믹서기에 갈아 먹는 것이 화제가 된 적이 있다. 한 끼 정도 운동 후 시간이 없을 때 근 손실을 예방하는 차원에서 그렇게 먹는 것이었다. 하지만 열정만큼은 해당 연예인의 정확히 3배였던 나는 그것을 모든 끼니에 적용했다. 하루 3끼 모두 닭가슴살, 고구마, 야채, 물 등을 갈아서 마셨다. 살이 빠지긴 했지만 건강하게 빠지는 느낌이 아니었고 속도 계속 안 좋았다. 입속에서 저작 운동 없이 한꺼번에 내려간 다량의 단백질은 소화기관에 부담을 준다. 그 당시 에어프라이어에 음식을 조리하면 더 양질의 식단을 구성할 수 있겠다는 생각이 들었다.

하지만 빠르게 실행을 하지 않아서 그 생각은 잊었다. 결국 두 달 정도 후에 이사를 하게 되면서 에어프라이어를 구매했다. 에어프라이어로 식단을 만들어서 먹었을 때 훨씬 식사의 질이 좋아졌다. 실행력을 갖추고 더 빠르게 에어프라이어를 샀으면 속도 안 아픈 건강한 다이어트 음식을 구성할 수 있었다는 아쉬움이 있다.

머릿속에 떠올린 생각을 바로 행동에 옮기는 실행력은 다이어트뿐만 아니라 여러 가지 면에서 유익하다. 이를 통해서 나에게 맞는 다이어트를 빠르게 찾고 꾸준히 지속한다면 누구든 건강한 몸을 가질 수 있다.

직장인의 다이어트를 가속화시켜줄 최고의 습관 한 가지

'기록'이 왜 중요한 것일까?

통신, 호텔, 의료, 우주여행 등 수백 개의 기업을 운영하며 이 시대의 위대한 기업가 중 한 명으로 꼽히는 사람이 있다. 어느 날 그는 "항상 지니고 다니는 가장 소중한 물건이 있습니까?"라는 질문에 바지 뒷주머니에 넣고 다니는 노트라고 대답했다. 그는 이 노트가 없었더라면 현재 회사를 이렇게 크게 일구지 못했을 것이라고 했다. 또한, 그리스의 선박왕으로 알려진 기업인에게 어떤 이가 물었다. "중요한 인생의 교훈 한 가지를 말해주세요." 그는 매 순간 노트를 갖고 다니면서 기록을 하라고 이야기하며 이를 '백만 달러짜리 교훈'이라고 이야기했다. 어떠한 목표를 이루기 위해서는 행동이 뒷받침되어야 한다. 이를 가능하게 하는 것이 기록이다. 기록하지 않으면 잊어버리기 때문에 행동 자체를 할 수가 없게 되어버린다.

당신의 다이어트를 가속해 줄 두 가지 '기록'

식단 기록하기

다이어트할 때 먹는 음식을 기록하는 것이 일단 첫 번째로 중요하다. 내가 무엇을 먹었는지 정확히 알 때 체중의 변화량을 조금 더 잘 예측할 수 있기 때문이다. 섭취한 음식들의 총열량과 하루 동안 소비한 총열량을 알면 몸 상태를 쉽게 예측할 수 있다. 또한 이러한 식습관을 유지했을 때, 목표 체중까지는 얼마 만에 도달할 수 있을지도 예측이 가능하다. 요즘에는 식단 관리 애플리케이션들이 잘 되어 있어서 무료로 다운로드할 수 있는 곳도 많다. 애플리케이션에 먹은 음식과 양을 입력하면 자동으로 칼로리 계산이 되고 목표 체중까지 걸리는 시간도 계산이 가능하다. 또한 같은 애플리케이션을 사용하는 사람들끼리 식단을 공유하면서 다양한 정보도 얻을 수 있다. 한 번 다이어트할 때 기록을 잘해 놓으면 두 번째, 세 번째 다이어트는 쉬워진다. 참고할 만한 데이터가 있고 없고의 차이는 시행착오를 줄이는 데 큰 도움이 되기 때문이다.

몸 상태 기록하기

몸 상태를 기록하는 것 역시 중요하다. 식단 관리를 열심히 해서 다이어트를 하는 목적은 결국 건강하고 예쁜 몸을 만들기 위해서이다. 무작정 체중을 감량하는 다이어트도 의미를 가질 수는 있지만, 체지방을 걷어내고 적당한 근육이 붙은 건강한 몸을 만드는 것이 이상적인 다이어트의 목적이다. 이를 위해서는 본인의 몸 상태를 기록하면서 다이어트의 방향이 올바르게 가고 있는지 주기적으로 점검하는 것이 좋다.

대한민국을 대표하고 세계적으로도 유명한 한 모델은 매일 같은 자리에서 본인의 몸 사진을 찍어서 확인한다고 한다. 이런 식의 꾸준한 노력이 이분을 톱 모델로 만들었다고 확신한다. 하지만 다이어트하는 직장인의 경우 이렇게 매일 찍기는 힘들 수 있으니 일주일에 한 번 정도 사진으로 남겨놓는 것이 좋다. 꾸준히 다이어트를 진행한다는 가정하에 가시적인 변화가 있으려면 적어도 일주일은 필요하기 때문이다.

현재 특별하게 다이어트를 진행하지는 않고 있다. 다만 일정한 몸무게와 좋은 컨디션을 유지하기 위해서 평일에는 최대한 깔끔한 식단을 먹고, 주말에는 먹고 싶은 음식도 먹고 회식도 한다. 하지만 또다시 보디 프로필을 준비하거나 피트니스 대회를 준비한다고 하면 언제든지 다이어트를 잘 해낼 자신이 있다. 지난 4년 동안 해 온 많은 기록을 참고할 수 있기 때문이다. 다이어트를 시작하는 직장인이라면 오늘부터라도 간단히 무엇을 먹었는지 적어보고, 거울 속 내 모습을 사진으로 담아두자. 당신의 다이어트를 가속하는 큰 재산이 되어 줄 것이다.

바쁜 직장인이 유산소 운동을
꼭 해야 하는 이유 3가지

바쁜 직장생활과 집안일, 그리고 다이어트 일정을 버텨낼 체력은 규칙적인 유산소 운동으로 만들 수 있다. 또한, 유산소 운동을 함으로써 체력뿐만 아니라 인생의 여러 측면의 긍정적인 효과를 얻을 수 있다. 여기 직장인들이 유산소 운동을 꼭 해야 하는 대표적인 이유 3가지가 있다.

생각 정리

바쁜 직장인일수록 생각을 정리할 시간이 필요하다. 하루에 약 30분 정도의 유산소 운동 시간은 생각을 정리하기에 굉장히 좋은 시간이다. 과거를 반성하는 시간을 가져야 미래에 같은 실수를 반복할 확률이 낮아진다.

또한 미래에 있을 계획을 머릿속으로 한 번 그려보는 것과 그렇지 않은 것의 차이는 크다.

유산소 운동을 하면서 머릿속의 복잡한 생각을 정리하기 위해서는 스마트폰의 메신저, SNS는 잠깐 꺼 놓는 것이 좋다. 평소에 좋아하는 음악을 듣거나, 고요한 상태에서 유산소 운동을 하는 것이 생각 정리에 도움이 된다. 운동을 4년째 하는 직장인인 나의 경우는 주중에는 10분에서 15분, 주말에는 1시간 정도 유산소 운동을 한다. 주중에는 좋아하는 음악을 들으면서 내일 할 일, 오늘 있었던 일을 간단히 생각하는 시간을 갖는다. 그리고 주말에는 여유를 갖고 차분히 다음 일주일의 그림을 그려본다. 또한 회사에서의 일 뿐만 아니라 여러 가지 공상을 하면서 새로운 통찰력을 얻기도 한다. 때로는 머릿속에서 풀리지 않았던 문제가 유산소 운동 중에 풀리기도 한다.

스트레스 해소

'바쁜 직장인'이라는 의미는 그만큼 여유가 없다는 것을 의미한다. 바쁘게 일하는 것이 좋을 때도 있지만 휴식 없이 일만 반복하다 보면 스트레스가 쌓이기 마련이다. 적성에 맞고 본인이 진정 사랑하는 일을 업으로 삼은 사람을 제외하고는 대부분 일정량 이상의 스트레스를 받으면서 일을 하게 된다.

스트레스는 어떠한 방식으로든 해소해 주어야 한다. 아무리 바쁜 직장인이라도 하루에 10분에서 30분 정도는 시간을 낼 수 있다. 이 시간을 이용해서 유산소 운동을 하면 스트레스 해소에 도움이 된다. 숨이 차고 땀이 날 정도로 실내 사이클을 탄 다음에 샤워하고 나오면 더없이 개운하고 상쾌하다. 자연스럽게 기분이 좋아지면서 스트레스도 사라진다. 몸을 힘들게 했으니 숙면을 할 가능성이 커지고 다음 날 컨디션도 좋다.

사람마다 스트레스를 푸는 방법은 가지각색이다. 술을 마셔서 푸는 사람도 있고 친구들과 이야기를 하면서 푸는 사람도 있다. 그렇게라도 만병의 근원인 스트레스를 푸는 것은 장기적인 직장생활을 하는 데 도움이 된다. 하지만 이왕이면 몸도 건강해지는 효과를 얻을 수 있는 유산소 운동으로 스트레스를 풀어보자. 바쁜 직장인이라도 점심시간을 이용한 산책, 출근하기 전 러닝 등을 통해서 충분히 유산소 운동의 효과를 낼 수 있고, 당연히 스트레스를 줄일 수 있다.

건강

바쁜 직장인 중 특히 사무직에 종사하는 직장인일수록 유산소 운동이 꼭 필요하다. 사무직의 경우 대부분의 시간을 컴퓨터 앞에서 보내기 때문이다. 손과 두뇌는 바쁘게 움직이지만 구부정한 자세는 허리와 목에 무리를 줄 수 있고 활동량이 적어서 배가 나오고 둔해진다. 이는 체력의 저하로 이어지고 금방 지치게 된다. 유산소 운동을 꾸준히 해 줌으로써 이러한 체력의 고갈을 막을 수 있다. 본인의 업무가 여유가 있거나 역량에 의해 업무의 템포를 조절할 수 있는 시기에는 중간중간 운동이 가능하다. 회사 쉬는 시간에 스트레칭 및 산책을 할 수도 있고 엘리베이터 타고 올라갈 거리를 걸어서 가는 등의 운동도 가능하다.

하지만 직장생활을 하다 보면 이러한 여유도 없는 바쁜 시기가 오기 마련이다. 운동을 꾸준히 하지 않았던 사람들은 대부분 이런 때에 빠르게 지치고 힘들어한다. 무슨 일을 하든 건강과 체력이 기본이 되어야 한다. 평소 일정 시간을 할애해서 유산소 운동을 꾸준히 하던 사람은 업무량이 몰리는 바쁜 시기에도 거뜬히 업무를 완수할 체력이 있다. 직장 생활은 마라톤이다. 빠르게 소진되는 체력을 가진 사람은 초반 100m는 빠르게 달릴지 몰라도 중장거리 이상에서는 불리하다. 바쁘더라도 주 3회 정도는 10분에서 30분이라도 유산소 운동을 해야 한다. 건강이 뒷받침되어야 직장에서 자신감도 생기고 더 많은 기회가 주어질 확률이 높다.

6년 차 직장인의 운동을
매일 할 수 있는 비결

"가장 어려운 일을 해내셨습니다. 그럼 이제 쉬운 것을 해 보겠습니다."
몇몇 피트니스센터 정문에 붙어있는 표어이다. 힘든 것은 많은 무게를 들
어 올리는 것도, 정확한 자세로 많은 반복 횟수를 채우는 것도 아니었다.
전기장판을 끄고 이불을 갠 다음 일단 '피트니스센터에 가는 것'이다. 그렇
다면 어떻게 하면 지치지 않고 매일 운동하러 갈 수 있을까? 6년 차 운동
하는 직장인의 TIP 3가지를 풀어보고자 한다.

운동 가기 전에 유튜브로 운동 관련 영상을 본다

직접 그 행위를 하지 않고 머릿속으로 상상을 하는 것만으로도 비슷한

효과를 낼 수 있다는 실험 결과들이 많다. 육상선수들에게 머릿속으로 트랙에서 100m 달리기를 완주하는 상상을 하라고 이야기했더니, 실제로 달릴 때 사용되는 근육이 활성화되었다고 한다. 이처럼 우리 뇌는 때로 가상과 실제를 구분하지 못하는 특성이 있다.

운동도 마찬가지이다. 운동하러 가기 귀찮다고 느껴지거나 힘이 들 때 운동 관련 영상을 보면 도움이 된다. 영상 안에서 열심히 운동하는 사람들을 보면서 내가 운동하는 것처럼 감정이입이 되고 내 몸은 서서히 운동에 적합한 상태로 변해간다. 나 같은 경우는 퇴근하는 버스에서 그날 운동할 부위의 운동 영상을 본다.

예를 들어 화요일이면 퇴근 버스에서 운동 유튜버 혹은 해외 보디빌더들이 하체 운동하는 영상을 본다. 하체 운동은 힘들기 때문에 하기 싫은 운동이지만 다른 사람들이 땀 흘리며 운동하는 모습에 동화되어 시청하다 보면 운동을 하고 싶어지는 상태에 도달한다. 그 생각을 유지하면서 피트니스센터에 도착하면 좋은 컨디션으로 운동이 가능하다. 주의해야 할 건 꼭 이어폰을 끼고 시청해야 한다. 대부분 운동 동영상에서는 거친 호흡 소리가 장기간 이어진다. 때문에 다른 영상을 보는게 아닌가 하는 뜻하지 않은 오해를 받을 수 있기 때문이다.

운동할 때 들을 음악을 미리 선곡해 놓는다

음악을 좋아하는 사람들의 경우는 운동하면서 들을 음악을 미리 선곡해 놓는 것도 좋은 방법이다. 물론 피트니스센터에서 트렌드에 맞는 신나는 음악을 선곡해서 틀어준다. 하지만 대부분이 대형 음악 사이트의 차트 상단에 있는 댄스곡이다. 나의 취향과 안 맞는 노래가 나올 수도 있다. 오로지 내가 좋아하고 나를 흥분시킬 수 있는 노래들을 미리 선곡해 놓고 들으면서 운동하는 것이 좋다. 무조건 경쾌한 댄스음악만 들을 필요도 없다. 고요하게 흘러나오는 느린 노래를 들으면서도 얼마든지 집중해서 운동이 가능하다.

귀한 땀을 흘리며 내 몸에 집중하는 시간에 내가 좋아하는 음악을 듣는 것은 운동 컨디션에 큰 도움이 된다. 나 같은 경우는 자기 전에 약 1시간에서 1시간 반 동안 재생시킬 플레이 리스트를 만들어 놓고 잠을 잔다. 그리고 운동할 때 재생하면 즐거운 마음으로 운동을 시작하고 마무리할 수 있다.

월요일에 가장 좋아하는 운동을 한다

시작이 반이다. 일주일의 시작을 본인이 좋아하는 운동을 하는 것을 추천한다. 다이어트를 하면서 멋진 몸매를 만들기 위해 사람들은 부위를 나누어서 운동한다. 하루는 상체, 하루는 하체 이런 식으로 운동하는 사람도 있고, 가슴, 등, 하체 등으로 하루씩 나누어서 하는 사람도 있다. 월요일에 본인이 가장 좋아하는 운동의 차례가 되도록 순서를 정하면 지속 가능한 운동에 도움이 된다. 직장인들이 만성적인 월요병을 앓듯이 운동에서도 월요병이 예외는 아니다. 따라서 조금이라도 설레는 마음으로 피트니스 센터에 가는 것이 중요하다.

나 같은 경우는 월요일에 등 운동을 한다. '월.가.국' 〈월요일은 가슴 운동이 국가적인 룰(Rule)〉이라는 말이 있을 정도로 월요일에는 가슴 운동을 하는 사람들이 많다. 그렇기 때문에 가슴 운동 기구를 사용하는데 제한이 많다. 상대적으로 등 운동기구는 여유가 있는 편이다. 즐겁게 내가 좋아하는 등 운동을 하고 집에 올 수 있다. 일단 이렇게 월요일을 성공적으로 보내고 나면 다음 날부터는 추진력이 붙는다. 어제 나의 계획을 무사히 완성했다는 것은 오늘 하루도 해낼 수 있다는 근거 있는 자신감의 원천이 된다. 이렇게 하루하루 보내면 성공적인 일주일, 한 달, 일 년을 보낼 수 있고 어느새 내가 원하는 몸에 가까워질 것이다.

따라만 하면 살 빠지는
쉬운 다이어트 습관 TOP 3

야식 줄이고 일찍 일어나는 습관 갖기

야식을 줄이면 살은 당연히 빠진다. 이 외에도 여러 가지 장점이 있는데, 그중 하나는 생활 습관이 바뀐다는 것이다. 생활 습관의 변화로 인해서 충분히 자고 아침에 일찍 일어나면 컨디션이 좋다. 전날 야식을 먹지 않았기 때문에 적당한 공복 상태가 유지된 상태로 기상을 하게 된다. 그 후에 먹는 아침밥은 맛이 굉장히 좋다. 적절한 영양소를 고루 갖춘 충분한 아침 식사를 통해 뇌에 포도당을 공급해야 한다. 이는 직장에서 집중하는 데 도움이 된다.

나는 요즘 대회를 준비하거나 목표를 두고 다이어트를 하고 있지는 않다. 하지만 정해진 시간에 정해진 양의 식사를 하면서 체중을 관리하고 운동을 하고 있다. 야식은 먹지 않고 잠들기 3~4시간 전에 모든 식사를 끝낸다. 약간의 허기짐이 느껴지는 상태로 잠이 들게 된다. 아침은 항상 회사 식당에서 먹는데, 내려가는 발걸음이 항상 설렌다. 공복 상태로 인해 허기짐이 대부분의 반찬을 맛있게 느끼게 해 주기 때문이다.

이 모든 긍정적인 효과들은 야식을 줄이는 데서 비롯된다. 우리가 야식을 먹게 되면 수면의 질이 좋지 않을뿐더러 자는 동안 체지방이 잘 분해되지 않게 된다. 또한 야식은 기름지거나 맵고 짠 음식들이 많기 때문에 수분을 끌어당겨서 다음 날 부종이 올 수 있다. 야식을 서서히 줄여보자. 공복 상태로 수면하는 동안 우리 몸은 체내의 노폐물을 비우기 위해 일을 한다. 또한 적당한 허기짐은 일찍 기상하는 데 도움을 준다. 이때 아침 운동을 하게 되면 체지방 감소 효과는 높아진다.

노 슈가 프로젝트 시작하기

설탕을 끊는 것은 다이어트에 큰 도움이 되는 습관이다. 2021년 2월까지 근무했던 말레이시아는 다이어트하기 어려운 환경이었다. 말레이시아에는 단 간식들이 한국보다 훨씬 많다. 또한 축하할 일이나 행사가 있을 때 대부분 쿠키를 주고받는다. 이때 주고받는 쿠키에도 대량의 설탕이 들어가 있다. 반죽에만 들어가 있는 것이 아니라 겉에 설탕 덩어리가 덕지덕지 묻어있는 수준이다. 이러한 문화 때문에 비만과 당뇨로 고생하는 사람들도 많다고 한다.

하지만 이곳 국민들도 당의 과섭취를 경계하는 움직임이 얼마 전부터 시작됐다고 한다. 시중에서 파는 음료나 음식점에서 파는 음료들의 '노 슈가' 버전이 대부분 존재한다. 예를 들면 카페에서 라테를 시켜 먹어도 노 슈가인지 점원이 먼저 물어본다. 또한 노점에서 생과일주스를 사 먹을 때도 노점상이 먼저 슈가를 얼마나 넣을 것인지 물어본다. 이 선택에서 노 슈가를 택하는 사람들이 많아졌다고 한다.

우리가 구성하는 식단도 충분히 노 슈가로 구성할 수 있다. 일상적으로 먹는 음식에서 설탕을 조금씩 멀리하는 습관을 가져보자. 또한 음식을 주문할 때 설탕의 함량을 조절할 수 있는지 물어보는 습관을 가진다면 건강에도 도움이 되고 다이어트도 잘 될 것이다.

성분표 확인하기

성분표를 먼저 확인하고 음식을 구매하는 것은 다이어트에 큰 도움이 된다. 식품을 구매할 때 대부분 제일 먼저 고려하는 것은 가격이다. 가격 못지않게 중요한 것이 바로 성분표이다. 성분표를 보면서 식품을 비교해 보면 가격이 저렴하면서도 성분이 좋은 음식들을 의외로 많이 발견할 수 있다. 조금이라도 성분이 좋은 식품을 고르는 습관은 건강한 몸을 가꾸는 첫걸음이다.

다이어트란 한 번에 체중을 과도하게 줄인다고 해서 좋은 것이 절대 아니다. 습관을 성형해가면서 조금씩 건강한 음식을 섭취하는 것이 지속 가능한 다이어트에 도움을 준다. 물론 실생활에서 충분히 가능하다. 성분표를 보는 방법에 관해서 설명해 주는 유튜브 영상 등을 보면 쉽게 이해할 수 있다. 요즘은 피자, 치킨 같은 배달음식에도 성분표가 나와 있는 곳이 많다. 한 번씩 칼로리가 높은 음식을 먹더라도 최대한 좋은 성분이 많이 들어가 있는 것을 먹는 것을 추천한다. 이렇듯 음식을 먹기 전에 한 번만 더 살피는 자세가 건강한 몸을 만드는 데 큰 도움을 준다.

"어긋난 척추뼈를 교정하러 필라테스를 등록하러 갔더니 가격에 놀란 뼈들이 알아서 제 자리를 찾아갔다."라는 우스갯소리가 있다. 이와 마찬가지로 다이어트 때 식욕을 못 참아서 편의점에 갔는데, 성분과 칼로리에 놀란 식욕이 알아서 사라지는 경우가 있다. 이 역시도 다이어트에는 긍정적인 현상이 아닐 수 없다.

지루한 유산소 운동?
시간 훅 가게 하는 생산적인 방법

　다이어트를 할 때 체지방을 감소시키기 위해서 많은 사람이 유산소 운동을 한다. 피트니스 센터에는 트레드밀, 사이클, 스텝 밀 등 여러 가지 유산소 운동 기구가 있다. 어떤 것을 하든지 지루하기는 마찬가지이다. 유산소 운동을 일정 시간 이상 지속해야 체지방이 잘 연소한다는 이론이 있다. 원하는 효과를 보기 위해서는 적어도 30분 이상은 하는 것이 좋다. 그런데 웨이트 트레이닝처럼 다양한 동작을 하는 것이 아니기 때문에 지루하기 마련이고 시간도 잘 안 간다. 그래서 많은 직장인이 드라마를 보거나 스마트폰으로 게임을 하곤 한다. 이렇게라도 안 하면 지루하고 시간이 안 가서 참기 힘들기 때문이다. 여기 유산소 시간을 조금 더 생산적으로 활용하면서 의외로 시간이 잘 가게 하는 방법이 두 가지가 있다.

생각하기

"생각은 걷는 자의 발끝에서 나온다."- 니체(1844~1900)

스마트폰과 인터넷 등 미디어가 발달하면서 사람들이 평균적으로 '생각'을 하는 시간이 줄었다고 한다. 의식적으로 '생각'을 하는 시간이 하루에 얼마나 될까? 유산소 시간은 생각하기에 굉장히 좋은 시간이고 시간이 굉장히 잘 간다. 또한 '생각'을 하면 본인의 삶에 도움이 되는 것들을 깨닫는 경우도 많다. 위에서 언급한 니체뿐만 아니라 스티브 잡스, 베토벤 등도 산책, 달리기 등을 하면서 아이디어를 얻었다고 한다.

실제로 유산소 운동을 하면 머리가 맑아지는 기분이 들면서 번쩍하고 좋은 생각이 떠오른 경우가 많다. 현재 나는 주 6일 직장생활을 하면서 운동을 하고 글을 쓴다. 요즘은 적어도 주 3회 이상은 글을 꾸준히 쓰고 있는데 아이디어는 대부분 유산소 운동을 할 때 얻는다. 예를 들면 주말에 시간을 내서 유산소 운동을 하면서 다음 주에 작성할 글의 주제 및 목차를 생각한다. 운이 좋으면 4~5개의 주제를 생각하는 날도 있다. 그렇게 생각한 주제들을 운동 후에 살짝 메모해 놓으면 글쓰기의 약 80%는 끝났다고 볼 수 있다. 주제와 목차가 정해졌다면 방향성에 맞게 생각을 풀어내는 건 어렵지 않기 때문이다. 이러한 아이디어뿐만 아니라 다음 주 한 주간의 계획, 미래 등등에 대해서 생각해 보는 것도 좋다. 은근히 시간이 빨리 갈뿐더러 통찰력을 기르는 데 도움을 준다.

익숙한 음악을 익숙하지 않게 듣기

유산소 운동을 할 때 음악을 듣는 사람들은 많다. 하지만 아무리 최신가요라고 해도 계속 들으면 질리게 마련이다. 또한 아무리 좋아하는 가수의 노래일지라도 유산소 운동을 할 때마다 반복하는 건 힘들 수 있다. 그러면 어떻게 음악을 들으면 시간을 잘 보낼 수 있을까?

익숙한 음악을 익숙하지 않게 듣는 것을 추천한다. 음악을 들을 때 대부분 메인 멜로디와 가사에만 집중해서 듣는 경우가 많다. 그런데 음악을 구성하는 요소는 메인 멜로디와 가사 말고도 여러 가지가 있다. 발라드 음악 한 곡만 하더라도 사용되는 악기가 여러 가지일 수 있다. 자세히 들어보면 드럼 소리도 들리고 처음 들어보는 악기 소리도 들린다. 이러한 배경적인 요소에 집중하면서 음악을 느껴보면 색다른 느낌을 느낄 수 있다.

매일 듣던 노래도 이런 관점으로 들으면 새롭게 느껴진다. 어떤 악기가 어떤 타이밍에 사용되는지, 얼마나 다양한 소리가 어우러지는지 느끼려면 집중을 해야 한다. 몰입하고 집중하다 보면 어느새 시간이 훌쩍 지나있는 것을 느낄 수 있을 것이다. 또한 음악을 더욱 풍부하게 감상할 수 있는 능력도 생길 것이다.

슬기로운 다이어트를 위해
버려야 할 생각 TOP 3

닭가슴살이랑 고구마만 매일 어떻게 먹어?

'No Pain No gain' 고통이 없으면 얻는 것도 없다. 이는 우리나라 신화에도 잘 나와 있다. 단군 신화에서도 100일 동안 철저한 식단 관리에 성공한 곰이 결국 인간이 될 수 있었다. 마늘과 쑥만 먹고 100일의 고통을 견딘 결과이다. 물론 다이어트를 할 때도 힘들게 다이어트를 한 사람이 힘들었던 만큼 체지방도 더 뺄 수 있고 원하는 몸매를 얻을 수 있다. 하지만 과정이 그만큼 어려운 것이 현실이다.

지속 가능한 '슬기로운 다이어트'를 위해서는 다양한 음식으로 식단 구성을 하는 것이 좋다. 닭가슴살을 대체할 수 있는 단백질 군으로 대표적으로는 소고기, 달걀, 흰 살 생선 등이 있다. 고구마를 대체할 수 있는 탄수화물 군으로 대표적으로는 현미밥, 감자, 단호박 등이 있다. 닭가슴살과 고구마만 먹어야 한다는 편견을 버리고 조금만 자료를 찾아보자. 다양한 음식으로 맛있는 다이어트를 할 수 있다.

간이 안 되어 있는 음식만 먹어야 하는 거 아니야?

이것도 '슬기로운 다이어트'를 위해서 버려야 할 오해 중 한 가지이다. 검색창에 다이어트 식단 등을 검색해 보면 굉장히 순수한(?) 형태의 식단이 나온다. 닭가슴살, 고구마, 샐러드, 약간의 과일 등이 나오는데 하나같이 양념이 되어있지 않다. 사람이 섭취할 수 있을 정도의 최소한 조리만 한 형태 같아 보인다. 하지만 적당한 염분 섭취는 다이어트 시 꼭 필요하다.

우리 몸은 흡수되는 적당량의 염분을 통해서 전해질의 균형을 맞춘다. 또한 염분 섭취는 우리 몸에서 수분을 끌어당기는데 이는 근육으로 공급되어 중량 운동을 할 때 컨디션을 유지할 수 있게 도와준다. 우리 몸의 70% 이상이 수분으로 구성되어 있고 근육 역시 수분의 영향을 많이 받는다. 물론 한국인 인당 평균 염분 섭취량은 세계 평균을 훨씬 웃도는 수준이다. 이는 찌개와 국, 김치, 양념한 육류 고기 등으로 이루어진 한 끼 음식을 먹는 사람의 Case이다. 다이어트 식단은 이와 대조적으로 거의 간이 되어 있지 않기 때문에 김치, 혹은 케첩 등의 소스를 살짝 곁들여 먹는 것은 괜찮다.

돈이 많이 들지 않아?

'슬기로운 다이어트'를 위해 버려야 할 세 번째 오해이다. 이런 질문을 하는 사람이 있다면 본인이 커피 혹은 간식으로 하루에 얼마를 소비하는지부터 돌아보아야 한다. 이렇게 나가는 비용은 아깝지 않게 생각하면서 다이어트 식단 구성에 지출하는 비용은 많다고 생각하는 사람들이 대부분이다.

실제로 다이어트 식단을 구성하면 한 끼에 약 3,500원 내외로 음식을 구성할 수 있다. 하루 3끼를 먹어도 10,000원을 약간 웃도는 수준이다. 직장에서 점심 한 끼에 먹는 국밥이 약 7,000원 정도 하는 거에 비하면 3끼에 10,000은 확실히 저렴하다. 그래도 이 돈이 아깝다고 생각된다면 본인의 노후를 생각하는 것이 도움이 된다. 지금 건강한 식사를 구성하는데 지출하는 비용이 많을까? 아니면 무절제한 식습관으로 인해 야기되는 병을 나중에 치료하는 데 드는 비용이 많을까? 극단적인 예이지만 건강한 식단 구성을 해야 하는 이유 중 하나이다.

다이어트 4년 차,
직접 경험한 나쁜 습관 TOP 3

충동구매

보디 프로필이나 피트니스 대회를 준비하기 위해서 짧게는 3개월, 길게는 6개월 동안 다이어트를 한다. 물론 사람에 따라서 기간은 다르다. 더 짧게 혹은 더 길게 하는 경우도 있다. 이때 충동구매를 하는 사람들이 꽤 많다. 여기에는 일종의 보상 심리도 작용한다. '현재의 나'는 다이어트라는 힘든 '자기와의 싸움'을 하고 있으니, 이 힘든 고난의 시간을 잘 이겨낸 '미래의 나'는 보상을 받아야 한다는 심리이다. 다이어트를 하는 동안, 이 '미래의 나'를 위한 선물을 미리 사놓는 경우가 많다. 그동안 먹고 싶었던 달콤하고 기름진 음식들을 충동적으로 구매해서 쟁여두는 것이다.

나 역시도 2019년 상반기 약 6개월 동안 다이어트를 하면서 충동구매를 한 적이 많다. 목표로 잡은 5월 말, 6월 초에 있었던 대회 약 3주 전부터 먹고 싶었던 과자들을 사기 시작했다. (작년에 산 과자인데 아직도 못 먹고 서랍에 있는 것도 있다^^;) 해외 구매 대행으로 배송되는 과자를 대회가 끝나는 날에 맞춰서 도착하도록 2주 3주 전에 치밀하게 구매했다.

지금 생각해 보면 정말 불필요하고 후회되는 일이다. 막상 다이어트가 끝나고 나면 느끼겠지만, 한두 끼 정도 고생할 때 응원해 준 사람들과 맛있게 식사하고 나면 식욕도 정상으로 돌아온다. 충동구매로 쌓아놓은 간식들이 집에 많이 남아있게 되면, 다이어트 후에 나도 모르게 계속 먹게 되고 요요현상이 오는 건 금방이다. 10분 후와 10년 후를 동시에 생각하라는 말이 있다. 다이어트 기간에는 결제 버튼을 누를 때 한 번 더 생각하는 것이 꼭 필요하다.

저칼로리 간식 많이 먹기

다이어트 기간에도 간식은 먹을 수 있다. 단 칼로리가 낮고 성분이 좋은 것을 먹는 것이 다이어트에 도움이 된다. 하지만 자칫하면 과해질 수 있고 안 좋은 습관으로 굳어질 수 있다. 요즘에는 피트니스나 다이어트 시장이 많이 커졌고 맛있는 저칼로리 간식들도 많다. 살 안 찌는 과자, 살 안 찌는 시리얼 등의 마케팅으로 많은 간식이 출시된다. 물론 적당히 먹거나 식사 대용으로 먹는 경우 도움이 될 수 있다. 하지만 이것들도 많이 먹으면 결국 살이 되는 건 마찬가지이다. 또한 다이어트할 때는 이런 간식들이 너무 맛있게 느껴진다.

나 역시 다이어트할 때, 식간에 너무 허기지면 간식들을 먹었다. 가까운 드러그 스토어나 편의점만 가도 단백질 쿠키, 곤약 젤리, 야채 칩 등 저칼로리 간식들이 많다. 하지만 어느 순간 한 봉지만 먹던 습관이 두 봉지가 되고, 세 봉지가 되었다. 당연히 다이어트는 정체되었고 아예 발걸음을 끊고 나서야 다시 체중이 감소하기 시작했다.

저칼로리 간식은 시중에 나와 있는 과자들과 비교해서 상대적으로 저칼로리일 뿐이다. 많이 먹으면 찌는 것은 매한가지다. 완전히 멀리하는 것을 추천하지만 정 못 참겠다면 하루에 한 봉지 정도가 적당하다고 생각한다. 절제할 수 있는 것은 본인의 역량이다. 또한 이러한 음식들은 대부분 식이섬유도 풍부하고 좋은 성분으로 만들어져 있어서 가격이 상대적으로 비싸다. 과자 두 봉지 정도 먹으면 5,000원은 훌쩍 넘어가는 경우도 많다.

체중(체성분) 측정 자주 하기

다이어트의 궁극적인 목표는 체중 및 체지방 감량이다. 그러므로 본인의 체중 및 체성분에 대해서 인지하고 있는 것은 중요하다. 하지만 너무 자주 측정하는 것은 좋지 않다. 특히 체성분 측정 같은 경우 몸에 전기신호를 흘려보내서 측정하는 것이다. 그렇기 때문에 우리 몸의 조그마한 변화에도 결괏값이 다르게 도출될 수 있다. 예를 들어 운동하기 전에 측정했을 때 보다 운동하고 나서 체지방률이 더욱더 높게 나오는 경우도 있다. 이런 결과를 맞닥뜨렸을 때는 괜히 기분만 안 좋고 의욕이 떨어진다.

2019년 상반기에 대회를 준비할 때는 거의 매일 체성분 측정을 했었다.

마음에 들지 않는 체지방률이 출력되면 곧바로 다시 측정한 적도 있다. 이러한 자세는 별로 다이어트에 도움이 되지 않는다는 조언을 주변 사람들에게 들었음에도 불구하고 불안했다. 결국 대회 일주일 전에 목표로 하는 체지방률 값을 확인하고 나서야 안심할 수 있었다. 이러한 행위가 도움이 안 된다는 것을 깨닫고, 작년 하반기 대회를 준비할 때는 거의 체성분을 측정하지 않았다. 체중만 가끔 재면서 대략적인 추세만 확인하고 거울로 내 몸을 판단했다.

기계를 통해 출력되는 값에 일희일비할 필요가 없다. 예를 들어 다이어트를 잘 해오다가 한 끼 정도 대사량과 컨디션 회복을 위해 맛있는 음식을 먹는 경우가 있다. 그리고 다음 날 체중을 측정하면 2kg에서 3kg는 높게 나오기도 한다. 기계의 오작동이었기를 간절히 바라도 다시 재면 똑같다. 하지만 크게 걱정할 필요는 없다. 음식으로 인한 영향도 일부 있겠지만 대부분 수분이다. 시간이 지나고 수분이 배출되면 언제 그랬냐는 듯 체중은 다시 내려간다.

숫자에만 집착하면서 불안해하면 컨디션과 의욕이 저하된다. 체중과 체성분은 가끔 재면서 체중이 변하는 경향만 확인하면 된다. 자신이 노력한 과정을 믿고 꾸준히 하는 것이 지속 가능한 다이어트 성공에 도움이 된다.

제4부

기본적인 직장인
다이어트 음식 구성하기

버릇처럼 먹는 '이것들'만 절제해도
직장인 다이어트 절반은 성공

과자

일반적으로 다이어트를 하는 직장인이라면 과자를 먹지 않는 것이 좋다. 대부분의 과자는 영양가가 없이 칼로리만 높다. 또한 맵고 짠맛을 가진 자극적인 과자들을 먹다 보면 금세 두세 봉지를 먹기도 한다.

예전에 먹는 양도 적은 데 왜 살이 찌는지 모르겠다는 선배가 있었다. 그 선배가 먹는 것을 지켜보면 절대로 살이 찔 수가 없는 식습관을 가지고 있었다. 아침은 대부분 거르고 출근을 했고, 점심과 저녁 두 끼를 먹었다. 당시 팀원들끼리 함께 점심을 먹었다. 대부분 같은 양의 배식을 받았지만, 그 선배는 먹는 속도가 두 배로 느렸다. 일반적으로 먹는 속도가 느리면 살이 덜 찐다. 식사를 시작한 뒤 약 20분 후부터 배부름의 신호를 전달하는 '렙틴'이라는 호르몬이 분비되기 때문이다. 그런데도 선배는 배가 나왔고 그것이 스트레스가 되어 나에게 고민을 토로했다.

그러다 우연한 계기로 선배가 살이 찌는 원인을 발견했다. 어느 날 해외 축구 마니아였던 선배의 방에서 손흥민 선수의 경기를 함께 본 적이 있다. 선배는 경기 시작에 맞춰서 프링글스 큰 통 두 개를 가져와서 먹기 시작했다. 정확히 전 후반에 한 통씩 두 통을 경기 종료에 맞춰서 다 먹었다. 선배는 일주일에 두세 번 이런 식으로 과자를 먹으며 축구를 보았다. 특히 축구를 볼 때는 너무 집중한 상태여서 본인이 얼마나 많은 과자를 먹는지는 자각하지 못하고 있었다. 염분이 가득 찬 과자를 먹은 다음 날 선배는 퉁퉁 부은 채로 회사에 출근하곤 했다.

아무리 식사를 두 끼만 한다고 하더라도 과자를 끊지 못했을 경우에는 다이어트의 효과를 보기가 어렵다. 차라리 균형 잡힌 세 끼 식사하고 과자를 줄이는 것이 현명한 다이어트 방법이다. 정 힘들다면 평일에는 최대한 다이어트 식단을 구성하고 주말에 한 번 정도 먹고 싶은 과자를 먹는 것이 좋다. 평상시에도 도저히 과자를 끊을 수 없을 때는 건강한 과자를 먹자. 소화 흡수가 느린 통밀로 만든 과자는 포만감도 좋고 살도 잘 찌지 않는다. 입이 심심할 때 아몬드, 호두 등 몸에 좋은 견과류를 조금 먹는 것도 과자를 대체하기 좋다.

과일 주스(직접 갈아 만든 것 제외)

포도당과 과당과 같은 단순당은 우리 몸에 굉장히 빠르게 흡수된다. 이렇게 빠르게 당이 흡수되면 혈당 수치가 빠르게 올라감과 동시에 우리 몸에서는 지방 저장 호르몬인 '인슐린'이 분비된다. 특히 액체 형태로 되어있는 액상과당은 그 속도가 더욱더 빠르다. 이러한 액상과당을 많이 포함하고 있는 것들이 바로 시중에서 파는 과일 주스이다. 그만큼 다이어트에 도움이 되지 않는 것 중 하나이다.

미디어에서 보이는 깨끗하고 Fresh 한 느낌의 광고 때문에 우리는 과일 주스를 건강한 음료라고 생각하는 경향이 있다. 오랜만에 뵙는 어르신을 찾아갈 때, 병문안하러 갈 때, 손님을 대접할 때 내놓는 음료도 건강한 느낌의 과일 주스였다. 회사에서도 탕비실에 과일주스를 구비해놓는 경우가 많고 중요한 미팅 때 과일주스가 놓여있는 경우도 있었다. 하지만 다이어트하는 직장인이라면 이를 거절하고 피할 줄 알아야 한다.

굳이 과일주스가 먹고 싶다면 직접 갈아서 먹는 것을 추천한다. 설탕이나 향신료 등이 첨가되지 않고 자연 그대로의 과일을 갈아먹는 것은 시중에서 파는 음료와 다르다. 신선한 제철 과일을 갈아먹으면 비타민 등의 영양소를 얻을 수 있을 뿐만 아니라 몸속 노폐물을 제거해줘서 다이어트에 도움이 된다.

디저트

'밥 배 따로, 디저트 배 따로'라는 말을 한 번쯤은 들어본 적이 있을 것이다. 염분 섭취량이 국제 평균을 훨씬 웃도는 한국인의 한 끼 식사를 마치고 나면 달콤한 음식이 당기기 마련이다. 왠지 짠 것을 먹었으니 단것을 먹어서 '단짠'의 균형을 맞춰야 할 것 같다는 생각도 든다. 일과 삶의 균형이 중요하듯이 단맛과 짠맛의 균형도 중요해진 요즘이다. 특히 요즘에는 예쁘고 맛있는 디저트 가게가 아주 많아졌다. 마카롱, 조각 케이크, 스콘, 도넛 등 종류가 매우 다양하다.

하지만 이러한 맛있는 달콤한 디저트일수록 다이어트에 악영향을 끼친다. 디저트의 특성상 설탕이 많이 함유되어있기 때문에 흡수와 동시에 우리 몸의 혈당을 빠르게 올린다. 앞서 말했듯이 혈당이 빠르게 올라가면 '인슐린'의 분비량이 많아진다. 이렇게 한 번에 많이 분비된 '인슐린'은 혈당을 급격히 떨어뜨리는 결과를 초래한다. 그러면 우리 몸은 또다시 당을 원하게 되는 상태가 된다. '먹어도 먹어도 먹고 싶다'라는 이야기를 자주 한다면 이런 상황을 의심해 보아야 한다.

맛있는 디저트의 영어단어에는 놀라운 비밀이 숨어있다. 'desserts'를 거꾸로 해보면 'stressed'(스트레스를 받는)이다. 순간의 행복을 위해 디저트를 계속 먹으면 언젠가는 스트레스로 다가올 것이다.

디저트를 끊는 방법 중 추천하는 한 가지 방법은 양치를 빨리하는 것이다. 식사 후 일정 기간 후에 양치를 권하는 사람들도 있지만, 디저트의 강한 유혹을 뿌리치는 것이 먼저인 사람은 바로 양치를 하는 것이 좋다. 양치하는 것만으로도 식욕을 일부 억제할 수 있다. 또한 한 개에 2,000원, 3,000원 하는 디저트 값을 아껴서 저축 또는 생산적인 일에 쓸 수 있으니 디저트는 정말 먹고 싶을 때 아니면 절제하는 것이 여러모로 도움이 된다.

따라만 하면 몸짱 가능!
현실 직장인 일주일 식단

평일(월요일 첫 끼니 ~토요일 2끼니)

국내외 대부분 공사 현장은 토요일에도 업무를 한다. 따라서 토요일 역시 평일로 생각해서 점심까지 식단을 한다. 하루에 4끼를 먹는 것을 기준으로 하므로 월요일 첫 끼부터 토요일 두 번째 끼니까지는 총 22 끼니다. 대부분 비슷한 음식을 먹고 크게 벗어나지는 않는다. 탄수화물과 단백질, 지방을 적절히 조합해서 식단을 구성한다. 요즘은 탄수화물은 오트밀 혹은 오트밀 과자를 먹고, 단백질은 소고기, 지방은 아몬드를 먹고 야채를 추가해서 먹는다. 과일을 살짝 추가하거나 단백질 종류를 소고기에서 닭가슴살 혹은 흰 살 생선으로 바꿀 뿐 큰 변화를 주지는 않는다. 이렇게 AM 6:00, PM 1:00, PM 7:00, PM10:30 이렇게 네 번 먹는다.

주말(토요일 3끼니 ~ 일요일 마지막 끼니)

현장에서는 토요일 퇴근 이후부터 일요일까지가 주말이다. 토요일 세 번째 끼니는 대부분 회식이다. 해외에서 힘듦을 공유하는 한국인 직원들에게 소중한 회식 자리인 만큼 맛있게 먹는다. 음식의 종류는 크게 상관 없다. 월요일부터 토요일 오전까지 다이어트 식단을 지켜왔으면 어떤 음식을 먹어도 맛있게 느껴진다. 여기서는 일식집, 한식집, 태국 요릿집 등을 자주 가는데 모두 맛집이다. 그렇게 양껏 먹고 와서 집에 와서는 그동안 먹고 싶었던 과자, 아이스크림 등을 먹는다. 굉장히 맛있게 느껴지기는 하지만 이미 배가 많이 찬 상태여서 무한정 들어가지는 않는다. 그리고 일요일 역시 먹고 싶은 것을 먹는 것으로 하루를 시작한다. 대부분의 일요일 아침을 회사 식당에서 구운 토스트에 잼을 발라서 시리얼과 함께 먹는다. 그리고 나머지 3끼니 역시 일반식을 맛있게 먹는다.

Q. 주말에 그렇게 많이 먹으면 월요일에 다시 식단 조절하기 힘들지 않나요?

내 경우는 오히려 주말에 많이 먹을수록 월요일에 다시 깨끗한 음식으로 식단 조절하기가 수월하다. 마치 휴가 때 실컷 원 없이 즐기고 와야 복귀해서 업무에 다시 새로운 마음으로 적응할 수 있는 것과 마찬가지이다. 간혹 토요일 저녁에 너무 많이 먹었을 경우에는 일요일에 운동 강도를 늘려준다. 그리고 일요일 3번째 끼니부터 완전 일반식이 아닌, 다이어트 음식에 소스 등을 추가한 정도의 식단을 구성한다. 이로써 내 몸에 다시 다이어트 모드로 돌아가겠다는 신호를 주는 것이다.

Q. 주중에 회식이 잡히거나 특별한 약속이 있을 때는 어떻게 해야 하죠?

주말에 고정적으로 하는 회식 외에 주중에 또 일반식을 먹어야 하는 경우가 있다. 맛있게 먹는 것을 추천한다. 요즘 들어서 직장 내에서 지나친 횟수의 회식은 지양하는 추세이며, 언택트 시대는 모임의 횟수를 더욱더 감소시켰다. 그렇기 때문에 주중에 특별한 모임 등의 일이 생기는 경우는 한 달에 한두 번 내외일 것이다. 이벤트성으로 한 끼 정도 일반식을 먹는 것은 체지방량을 심하게 증가시키지 않는다. 또한 다이어트를 꾸준히 지속하던 중 발생하는 한 끼 정도의 일탈은 대세에 큰 영향을 미치지 않는다. 식단관리를 하던 중이라도 오랜만에 만나는 친구 혹은 애인과의 식사 때는 맛있게 먹어도 괜찮다. 다음날 운동 컨디션도 좋고 우려하는 만큼의 지방량도 늘어나지 않는다.

Q. 식단만 따라 하면 몸짱이 된다는 건가요?

적당한 웨이트 트레이닝은 병행하는 것이 좋다. 요즘은 주 6회 웨이트 트레이닝을 하고 있다. 바쁜 직장인들의 경우에도 하루에 한 시간 정도는 짬을 내서 운동할 시간이 있다. 주 3회 정도의 웨이트 트레이닝을 병행하면서 식단관리만 잘해도 충분히 건강한 몸을 만들 수 있다. 최근에 연재한 콘텐츠 '전국의 다이어트 고수들을 찾아서'의 전문가들 인터뷰를 해 본 결과, 건강한 몸을 만드는데 운동보다 식단이 더 중요하다고 답한 비율이 50%이다. 식단을 따라 하되 운동을 본인의 여유시간 내에서 열심히 지속하면 충분히 몸짱이 될 수 있다.

닭가슴살이 질린다면?
다이어트 추천 소고기 부위 3가지

다이어트를 하면서 가장 많이 먹는 음식 중 하나가 바로 닭가슴살이다. 그만큼 닭가슴살은 다이어트 음식의 대명사로 알려져 있다. 사람들이 다이어트할 때 닭가슴살을 먹는 이유 중 하나는 훌륭한 가성비에 있다. 가격이 상대적으로 저렴하면서 100g에 단백질이 약 25g 정도 들어있다. 지방의 함량은 거의 없는 수준이다. 하지만 다이어트를 하거나 근육량을 유지하기 위해서는 다양한 단백질원을 섭취해 주어야 한다.

그 첫 번째 대안이 바로 소고기이다. 소고기는 비싸다는 인식이 있기 때문에 멀리하는 경향이 있다. 하지만 다이어트에 적합한 부위들은 지방이 적고 가격 또한 생각보다 비싸지 않다. 다음 세 가지 부위가 추천할만한 소고기의 부위들이다.

우둔살(TOP ROUND)

소의 엉덩이 안쪽 부위인 우둔(Inside round)에 있는 살이다. 한자로는 소(牛) 엉덩이(臀)에 붙은 살코기라는 의미이다. 우둔살은 지방이 적은 요리에 적합한 부위이다. 우리나라에서는 예로부터 불고기, 육포, 장조림 등에 우둔살을 사용했다. 100g당 약 140kcal의 열량을 가지고 있으며, 단백질은 약 22g을 함유하고 있다. 소고기라서 비싸다고 생각할 수 있겠지만 많은 인터넷 쇼핑몰에서 1kg에 20,000원 이하로 구매가 가능하다. 먹기 좋은 형태로 썰어서 판매하기도 하지만 그렇지 않은 경우는 적당히 잘라서 에어프라이어에 돌리면 된다. 해동시킨 우둔살을 에어프라이어에 200도로 15~20분가량 돌리면 적당히 맛있게 조리가 된다.

홍두깨살(EYE ROUND)

지방이 없는 홍두깨살도 다이어트 시 먹기 적합한 소고기이다. 우둔살과 비슷한 가격에 구매가 가능하다. 직장인이 한 끼 식단으로 구성하기 적절한 수준이다. 홍두깨살은 우둔의 옆쪽에 길게 붙어 있으며, 모양이 꼭 원통 모양이다. 이 모양새가 마치 옛날 옷감을 다듬질할 때 사용하던 홍두깨 방망이 모양과 비슷하다고 하여 홍두깨살이라는 이름이 붙었다. 홍두깨살 역시 장조림, 산적, 육회 등 지방이 적은 요리에 사용된다. 홍두깨 살도 마찬가지로 에어프라이어에 15~20분 정도 돌려서 먹으면 된다.

부챗살(OYSTER BLADE)

부챗살은 소의 앞다리 위쪽 부분(CHUCK), 즉 어깨뼈 바깥쪽 하단에 있는 부채 모양의 부위이다. 부챗살은 소 한 마리당 800g 정도 생산된다. 썰어 놓은 형태가 꼭 깃털 부채와 비슷하다. 한국에서는 부챗살을 '낙엽살'이라고도 부르기도 한다. 우둔살과 홍두깨살만큼은 아니지만, 부챗살도 지방이 적은 부위에 속한다. 그렇기 때문에 다이어트 기간에 한 번씩 섭취해도 나쁘지 않다. 육즙이 풍부하고 부드러운 것이 특징이다. 연한 육질 때문에 부챗살은 스테이크로도 먹는다. 다이어트 기간에 연인과 외식할 때 스테이크를 골라야 한다면 부챗살이 좋은 선택이 될 수가 있다. 그게 아니라면 마트에서 사 온 부챗살을 역시 에어프라이어에 15~20분간 돌려서 먹으면 된다. 고기 자체가 가진 육향이 풍부하므로 소금만 찍어 먹어도 맛있게 먹을 수 있다. 부챗살 역시 인터넷을 통해 100g에 2,000원 이하로 구매할 수 있다.

식단 조절 시 다양한 단백질을
먹어야 하는 이유 3가지

PLAN B를 빠르게 결정할 수 있다

한 가지 단백질 식품만 먹어왔던 사람은 막상 그 재료가 떨어지면 머릿속에 혼란이 올 수가 있다. 예를 들어서 매주 주문하는 인터넷 식료품 숍에서 닭가슴살 재고가 떨어진 경우가 있을 수 있다. 충분히 가능한 일이다. 하지만 평소에 닭가슴살만 고집하지 않고 여러 가지 단백질 식품을 섭취해 왔다면 당황하지 않고 대체 음식을 고를 수 있다.

소고기 우둔살을 비롯한 흰 살 생선, 새우 등은 훌륭한 단백질 식품이다. 무리하지 않는 가격의 선에서 다양한 식품으로 식단을 구성하는 것이 가능하다. 평소에 다양하게 식단을 구성하는 습관을 지닌 사람이라면 한 가지 식자재가 없는 정도의 상황은 거뜬히 해결이 가능하다.

지속 가능한 식단 조절이 가능하다

아무리 다이어트를 하고 몸을 만들겠다는 의지가 강할지라도 한 가지 식품만을 계속 먹는 것은 힘들다. 예전에 한 TV 프로그램에서 한 연예인이 몇 년 동안 식사로 감자탕을 먹었다고 한다. 일이 새벽에 끝나서 허기짐을 달래고 싶은데 문을 연 식당이 그 시간에는 감자탕집 밖에 없었다고 한다. 그렇게 몇 년을 먹다 보니 이제는 감자탕을 먹지 못한다고 한다. 아무리 돼지 냄새를 잘 잡았다고 해도 양념을 뚫고 올라오는 돼지 냄새가 느껴진다고 한다. 한 가지 음식만 너무 오래 먹은 것의 부작용이라고 할 수 있다.

가끔 다이어트를 하는 사람 중에도 예전에 질리도록 닭가슴살만 먹어서 이제는 쳐다도 보기 싫다고 말하는 사람들이 있다. 참으로 안타까운 일이다. 다이어트를 할 때는 무엇보다 지속 가능한 식단을 구성하는 것이 중요하다. 또한 식단은 항상 기본이 되어야 하는 요소이기 때문에 그 시간이 고통스럽게 느껴진다면 다이어트에 악영향을 미칠 수 있다. 다양하게 구성한 식단은 지루함을 방지해준다. 또한 식단 준비에 재미를 느끼게 해 주기도 한다.

서로 다른 식품들 마다 각각 다른 영양소가 존재한다

단백질이 많이 들어 있는 식품을 이야기할 때 대표적으로 언급되는 것이 닭가슴살, 소고기, 생선 등이다. 콩으로 만든 두부, 낫또 등에도 많은 단백질이 포함되어 있다. 그런데 이들이 가진 영양소는 각각 차이가 있다. 물론 100g당 단백질의 양은 비슷할 수 있다. 하지만 각각의 식품이 가진 고유한 영양소들이 제각각이다.

일단 붉은 육류로 대표되는 소고기 같은 경우는 닭고기나 생선보다 철분이 많이 포함되어 있다. 또한 몸의 성장과 유지에 필수적인 9개의 아미노산을 골고루 포함하고 있다. 소고기에는 특히 '크레아틴'이라는 성분이 다량 함유되어 있다. 이는 운동선수들이 보충제로도 섭취하는 영양소이며, 근육의 성장과 유지에 도움을 주는 성분이다.

대구, 명태, 틸라피아, 광어 같은 흰살생선도 훌륭한 단백질 공급원이다. 이 들 생선은 육류에보다 지방 함량이 적다는 특징이 있다. 근육을 유지해주면서 열량이 낮은 고효율의 다이어트 식품이다. 또한 비타민 B, 칼륨 등이 타 식품들보다 풍부해서 피부를 매끈하게 하고 고혈압을 낮춰주는 도움을 준다. 개인적으로 흰 살 생선을 선호하는 이유는 먹으면 속이 굉장히 편하다. 사람마다 차이가 있겠지만 강력히 추천하는 단백질 구성원 중 하나이다.

다이어트 필수 단백질!
닭가슴살에 대한 오해 3가지

Q. 생 닭가슴살은 맛이 없다?

요즘은 닭가슴살 제품을 구하기 너무 쉬운 세상이다. 인터넷에 수많은 닭가슴살 온라인 쇼핑몰이 있다. 쇼핑몰이 많은 만큼 제품 역시 다양하다. 닭가슴살 소시지, 닭가슴살 만두, 닭가슴살 스테이크, 닭가슴살 핫도그, 닭가슴살 육포, 닭가슴살 피자 등등 일일이 나열하기 힘든 수준이다. 이런 것들을 섭취해도 충분히 다이어트가 가능하다. 하지만 조금의 첨가물도 용납하지 못하는 사람들은 생 닭가슴살을 선호한다. 하지만 생 닭가슴살은 어떠한 조미료나 양념도 되어있지 않은 상태라서 맛이 없어 보인다. 지속 가능한 다이어트를 위해서 그나마 조금이라도 맛있게 조리된 형태를 먹는 사람들이 많다.

하지만 생 닭가슴살도 어떻게 조리하느냐에 따라서 아주 맛있게 느껴질 수 있다. 에어프라이어 혹은 광파오븐을 사용해서 조리하면 맛있게 구워진 닭가슴살을 먹을 수 있다. 나 같은 경우는 마트에서 사 온 생 닭가슴살을 에어프라이어에 20분 정도 돌려서 먹는다. 한쪽을 10분 돌리고 반대로 10분 돌리면 된다. 닭가슴살의 중량에 따라서 조리 시간을 살짝 조절하면 된다. 최근에 한 TV 프로그램에서 한 연예인이 생 닭가슴살을 적절히 조리하면 갈치 맛이 난다고 했다. 충분히 공감하는 이야기이다. 생닭도 아주 맛있게 먹을 수 있으니 너무 편견을 가질 필요는 없다.

Q. 닭가슴살은 갈아먹어야 제맛?

우리 몸에서 처음 소화가 일어나는 곳은 입이다. 입에서 씹는 행위를 하면서 음식을 분해하고 침 속에 있는 효소가 작용을 시작한다. 이러한 작용을 거치면서 천천히 소화기관으로 음식물이 내려가야 바람직한 음식 섭취 시스템이 작동한다. 갈아서 마시게 되면 다량의 단백질이 저작 운동으로 이루어지는 입에서의 소화 과정을 생략한 채 한 번에 우리 몸으로 들어온다. 이는 소화 기관에 무리를 줄 수 있고 특히 단백질을 처음 분해하는 위에 피로감을 줄 수 있다. 시간이 정 없다면 갈아먹는 것도 하나의 방법이지만 그 횟수를 줄여나가는 것이 바람직하다.

Q. 퍽퍽한 닭 가슴살은 예전부터 인기가 없었겠죠?

닭가슴살을 먹으면서 자주 하는 생각이 있다. '이 퍽퍽하고 맛없는 부위는 다이어트나 운동하는 사람들이 아니었으면 대체 누가 먹었을까?' 하는 생각이다. 요즘이야 맛있게 조리된 제품들이 나오지만, 몇 년 전까지만 해도 제품으로 나온 닭가슴살조차 너무 퍽퍽했다. 참고 먹는다는 느낌이 강했다. 대학생 때 친구들과 모여서 치킨을 먹을 때도 항상 마지막에 남는 것이 가슴살 부위였다.

그런데 닭가슴살은 20세기 초까지만 해도 미국에서는 지체 높은 백인들이 선호하는 부위였다. 백인들이 먹는 치킨 요리라 함은 닭가슴살을 오븐 혹은 팬을 이용해 조리해서 나이프와 포크로 잘라먹는 것이었다. 우리가 좋아하는 날개, 목 등은 흑인 노예들이 주로 먹었다고 한다.

당시 미국 남부에는 농업구조의 특성상 기름을 많이 사용하는 요리법이 유행했다. 남부에는 돼지의 사료가 되는 옥수수와 땅콩이 풍부했다. 따라서 돼지를 기르는 농가가 많았고, 굳은 돼지기름인 라드 유와 목화씨를 짠 면실유의 공급이 수월했다. 그 때문에 주인들이 뼈가 많다고 버린 닭 날개, 목 등은 노예들이 딥 프라이(Dip Fry) 방식으로 튀겨서 먹었다고 전해진다.

주인상에 올라가는 재료로는 닭가슴살을 쓰고, 나머지는 노예들의 몫이었다. 이로 미루어 보아 닭 부위 중 인기 있는 재료는 닭가슴살이었다.

가만히 생각해보면 예전에 한 TV 요리 프로그램에서도 닭가슴살을 이용한 요리가 꽤 나왔던 것 같다. 프랑스, 이탈리아 등의 요리를 전공한 셰프들도 닭가슴살을 많이 썼다. 세계적으로 닭가슴살을 주재료로 한 레시피가 많다는 뜻이다. 이로 미루어 보아 닭가슴살은 헬스인들만의 음식이 아닌 것을 알 수 있다. 퍽퍽한 닭가슴살을 씹어 먹을 때 정 먹기 싫어진다면 예전에는 상위계층이 먹던 음식이라고 생각을 하면 도움이 되지 않을까 싶다.

식단 4년 차, 직접 먹고 리뷰하는 야채 BEST 4

다이어트를 하거나 근육을 붙이는 식단을 구성할 때, 대부분의 초보자는 단백질 군의 식품을 어떻게 구성할까부터 생각한다. 닭가슴살, 계란 등으로 단백질원을 확보하고 나면 다음으로 탄수화물과 지방을 생각한다. 탄수화물 군으로 적당한 고구마나 현미밥, 그리고 아몬드 등으로 지방을 채워준다. 그렇게 탄단지 영양소를 모두 확보한 다이어트 식단을 구성한다. 나 역시도 처음 다이어트를 시작할 때는 이런 식으로만 식단을 구성했다.

나름 잘 구성했다고 생각했지만, 속이 매우 더부룩하고 소화가 안 되는 경우도 많았다. 우리 몸에서는 단백질 음식을 대사하는 과정에서 질소 성분을 내놓는다. 이 질소산화물로 인해 우리 몸의 혈중 pH 농도는 낮아지게 된다. 야채의 섭취를 통해서 이를 중성화시키는 것이 어느 정도 가능하다. 우리 몸은 적정 pH 농도를 유지할 때 원활한 대사작용이 잘 일어난다. 이 외에도 비타민, 무기질, 식이섬유 등 여러 가지 영양소들을 야채를 통해서 섭취해 주어야 한다. 대부분의 야채는 칼로리가 낮기 때문에, 다이어트 시 큰 부담 없이 섭취해도 무방하다. 4년째 직장생활과 식단관리를 병행해 오면서 섭취했던 야채 중 몇 가지를 소개해보려고 한다.

파프리카

(1) 먹었던 기간 및 효능

파프리카는 2018년 하반기 피트니스 대회 준비할 때 처음 먹었다. 파프리카는 항산화 성분이 풍부하고 면역력을 증가시키는 효과가 있다. 다이어트하면서 체지방이 감소하면 면역력에 신경을 써 주는 것이 좋다. '파프리카 청춘이다'라는 이야기를 혹시 들어본 적 있는가? 파프리카는 피부 미용 효과도 있고 스트레스 해소, 노화 방지 등의 효과가 있어서 청춘을 유지해주는 야채이다.

(2) 가격 및 구입처

인터넷 신선 배송을 통해서 개당 약 1,300원 정도에 구매할 수 있다. 한 끼에 한 개를 다 먹지는 않았고, 약 1/3 정도를 한 끼에 먹었다.

(3) 식단 구성을 위한 조리 방법

파프리카는 깨끗이 씻어서 바로 섭취해도 아삭아삭한 식감으로 굉장히 맛있다. 피망과 비슷하게 생겼지만, 피망과 달리 단맛이 강하다. 먹기 좋은 크기로 잘라서 양파와 함께 에어프라이어에 5분 미만으로 돌려먹어도 맛있다. 살짝 그을린 상태로 먹으면 식감이 부드러워지면서 더 달달한 맛을 느낄 수 있다.

브로콜리

(1) 먹었던 기간 및 효능

브로콜리는 2019년 상반기 피트니스 대회 준비할 때 많이 먹었다. 집 근처에 대형 마트가 있어서 일주일에 한두 번씩 운동 끝나고 장을 봤었다. 그때 냉동 브로콜리를 처음 접했고 한 6개월 동안 먹었다. 브로콜리는 뼈의 건강과 골다공증 예방에 좋은 칼슘이 시금치의 네 배나 들어있다. 또한 피부를 맑아지게 하고 노화를 방지하는 비타민 E가 풍부하고 식물성 섬유도 풍부하다.

(2) 가격 및 구입처

내가 구매했던 제품은 한 대형마트에서 산 냉동 브로콜리이고 350g에 약 1,500원이다. 한 번 데쳐서 소분해 놓으면 3끼 정도에 나누어 먹을 수 있다.

(3) 식단 구성을 위한 조리 방법

냉동 브로콜리 제품을 소금을 살짝 넣은 끓는 물에 데친다. 먹기 좋은 크기로 잘려서 냉동되어 있던 제품이기 때문에, 생 브로콜리를 데칠 때보다는 시간이 적게 소요된다. 1~2분 데치면 초록색이 선명해지는데 이때 꺼내서 먹는다.

양파

(1) 먹었던 기간 및 효능

양파는 2019년 하반기 다이어트를 할 때 파프리카와 함께 많이 먹었다. 양파 역시 열량이 낮아서 부담 없이 섭취할 수 있는 야채이다. 양파는 신진대사를 촉진해서 다이어트에 도움을 준다. 또한 피로 해소, 콜레스테롤 억제에 탁월한 효과가 있으며 고혈압, 동맥경화 등을 예방할 수 있다.

(2) 가격 및 구입처

온라인 신선 배송으로 양파 슬라이스 제품 1kg을 약 5,000원에 살 수 있다. 오래 보관하면 물이 생기기 때문에 뜯었으면 최대한 이른 시일 내에 섭취해야 한다.

(3) 식단 구성을 위한 조리 방법

껍질이 제거된 슬라이스 형태 제품이었기 때문에 그냥 먹어도 된다. 가끔 파프리카와 함께 에어프라이어에 돌려서 먹었다. 가열하면 양파 특유의 매운맛이 날아가면서 더 고소하고 맛있어진다.

아스파라거스

(1) 먹었던 기간 및 효능

아스파라거스는 2019년부터 단조로운 야채 식단에 변화를 주고 싶을 때 한 번씩 추가해서 먹었던 야채이다. 아스파라거스는 전체 무게의 90% 이상이 수분으로 이루어져 있다. 따라서 칼로리가 낮은 음식이고 식이섬유도 아주 풍부해서 오랜 기간 포만감을 준다. 또한 피로 해소에 효과가 있으며 항산화 효과, 심장 질환 예방에도 도움을 준다.

(2) 가격 및 구입처

온라인 신선 배송으로 200g에 약 5,000원으로 구매할 수 있다. 30cm 정도의 길이의 아스파라거스가 여러 개 들어 있는데, 한 끼에 한 개 혹은 두 개 섭취하면 적당하다.

(3) 식단 구성을 위한 조리 방법

끓는 물에 데쳐서 먹는 방법이 대표적이다. 시간이 없는 직장인의 경우 전자레인지용 용기에 아스파라거스 잘라서 넣고 물을 두세 스푼 정도 넣고 전자레인지에 돌리면 된다.

식단 4년차,
직접 먹고 리뷰하는 지방 BEST 3

직장인이 다이어트를 하면서 대표적으로 잘못 알고 있는 사실이 있다. 바로 지방을 먹으면 그만큼 체지방이 증가할 거라는 사실이다. 정확히 말하자면 이는 사실이 아니다. 한 운동 전문가는 이를 '탈모가 있는 사람한테 머리카락을 섭취하게 하면 머리카락이 나는가.?'라는 비유를 예로 들어서 설명했다. 물론 초보자의 눈높이에서 이해를 돕기 위해서 한 설명이므로 갑론을박 따질 문제는 아니다. 핵심 내용은 우리가 먹은 것(INPUT)이 똑같은 형태로 출력(OUTPUT)되지는 않는다는 뜻이다.

지방은 3대 영양소인 만큼 우리 몸에서 꼭 필요한 성분이므로 적당량을 꾸준히 섭취해주는 것이 좋다. 다이어트를 위해서도 호르몬이 적정량 잘 분비되어야 하는데 이 호르몬을 구성하는 성분 중 하나가 지방이다. 이외에도 지방은 우리 몸에서 고효율 에너지원으로 쓰이기 때문에 꼭 섭취해 주어야 한다. 다이어트하는 직장인이 섭취하기 좋은 지방 공급원 중 내가 먹어본 것들을 소개하려고 한다.

아몬드

개당 약 7kcal이며 탄수화물 0.24g, 단백질 0.26g, 지방 0.61g 포함되어 있다. 식단을 구성할 때는 한 끼에 5알~10알을 닭가슴살이나 고구마 등과 함께 먹었다. 다이어트 식단에 아몬드를 구성할 거라면 BULK 형태로 되어있는 제품을 추천한다. 다른 첨가물 없이 구워서 말린 형태이기 때문에 보관도 용이하다. 다이어트 기간 내내 먹을 거면 굳이 조그만 것을 자주 살 필요가 없다. 주변 대형 마트에서 1kg 이상 되는 것을 사면 된다. 가격은 1kg에 15,000원 내외로 살 수 있다.

크림치즈

2020년도 1월에 약 2주가량 키토 다이어트(=케토 제닉 다이어트)를 해 본 적이 있다. 키토 다이어트는 탄수화물의 섭취를 제한하고 지방을 위주로 섭취해서 체지방을 에너지 원료로 사용하는 것에 그 근본을 두는 다이어트이다. 키토 다이어트는 간헐적 단식과 병행하면 좋다고 해서 16:8 간헐적 단식도 함께 진행했었다. 이 당시 지방은 먹어야겠고, 그동안 간편하게 섭취하는 지방이라고는 아몬드나 견과류밖에 없었던 나는 우연히 크림치즈라는 지방 공급원을 발견했다.

영양성분은 20g(한 스푼)에 탄수화물 약 1g, 단백질 약 1g, 지방 약 6g이다. 케토 제닉 다이어트를 관두면서 많이 사 두었던 크림치즈가 남았었다. 그래서 평소에 고구마와 닭가슴살을 먹을 때 살짝 식 곁들여서 먹었다. 인터넷 신선 배송으로 주문하면 여러 가지 맛있는 크림치즈들을 살 수 있고 유제품치고는 유통기한이 긴 편이다. 램노x 크림치즈의 경우 냉장보관 기준으로 제조년월일로부터 약 6개월이 유통기한이다. 인터넷 쇼핑몰 신선 배송을 통해 2kg짜리 크림치즈를 약 2만 원 대에 구매가 가능하다.

오메가3

　지방 중에는 우리 몸에서 자체 생산이 불가능해서 반드시 외부로부터 섭취해야 하는 지방이 있다. 그중에 필수적으로 섭취해야 하는 '필수 지방산' 중의 하나가 바로 오메가–3이다. 주로 청어, 고등어 등의 생선에 많이 포함되어 있다. 현재 나는 생선 기름을 캡슐 형태로 만든 제품을 하루에 1~2회 정도 섭취하고 있다. 말레이시아에서 근무할 때 마트에서 90개 캡슐이 1통에 들어 있는 제품을 219 RM(링깃 = 말레이시아 화폐 단위 1링깃=약 280원)에 사 왔다. 1개 캡슐의 가격으로 계산하면 한국보다 훨씬 비싼 수준이다. 1+1, 2+2 제품이 많기 때문에 운 좋게 세일 가격으로 살 수 있었다.

　오메가–3의 효능은 심장질환 예방, 피로 해소, 뇌 건강 등이 있다. 비타민 D 또한 풍부하게 들어 있어서 운동하는 중, 장년 직장인들에게도 효과적이다. 이러한 캡슐 형태의 영양제의 장점 중 하나는 불필요한 칼로리를 섭취하지 않을 수 있다는 것이다. 그래서 바쁜 직장인들이 원하는 영양소만 택해서 섭취하기에는 캡슐 형태의 영양제를 추천한다.

식단 4년차,
직접 먹고 리뷰하는 탄수화물 BEST 4

고구마

가장 대표적인 다이어트 탄수화물 음식 중 하나다. 혈당으로 전환되는 수치가 낮고 포만감도 좋기 때문에 다이어트를 하는 직장인들이 많이 먹는다. 물론 전문 보디빌딩 선수들이나 모델들도 많이 섭취하는 구황작물이다. 다양한 형태로 고구마를 섭취해 보았다. 제품 형태로 나온 것을 냉동 보관했다가 전자레인지에 돌려먹어 본 적도 있고, 생고구마를 사서 찌거나 구워서 먹어본 적도 있다. 요즘에는 상온 보관할 수 있는 제품 형태의 고구마도 많이 출시되기 때문에 간편하게 편의점 등에서 구매해서 먹을 수 있다. 상온 보관 제품들 같은 경우는, 휴대가 용이하고 포장을 뜯고 바로 먹을 수 있다는 이점이 있지만, 가격이 상대적으로 비싸다.

직장인을 위한 추천 조리 방법

생고구마를 사서 전자레인지에서 조리하는 법을 추천한다. 에어프라이어에 조리하는 방법도 있지만, 확실히 전자레인지에서 조리할 때보다 단맛이 강하다. 고구마에 따라 다르겠지만 당도가 올라감을 혀끝에서부터 느낄 수 있고 다이어트에 좋은 신호는 아니다. 생고구마를 깨끗이 씻어서 전자레인지용 용기에 소량의 물과 함께 넣고 랩을 씌워서 3분 정도 돌린다. 크기에 따라 조리 시간이 달라지는데 한두 번 정도 뒤집으면서 돌려주면 아무리 큰 고구마도 조리 시간이 10분을 넘지 않는다. 개인적으로 이 방법이 시간, 가격, 맛 측면에서 제일 좋은 방법이니 바쁜 직장인 다이어터들에게 추천한다. 주의해야 할 점은 전자레인지에서 꺼낼 때 굉장히 뜨거우므로 조심해야 한다.

단호박

구독자 50만이 넘는 한 운동 관련 유튜브 채널이 있다. 이 채널을 운영하는 유튜버분께서 한 피트니스 대회 출전 선수들을 인터뷰한 영상을 본 적이 있는데, 선수들 각각의 다이어트 TIP을 물어봤다. 인터뷰에 응한 대부분의 선수들이 탄수화물 종류를 체중의 변화에 따라 단계별로 변경했는데 마지막 종착지가 단호박이었다. 사람에 따라 다르지만, 체중을 감량하기 위해 탄수화물 종류를 바꾸고 바꿔서 결국 선택하는 것이 단호박이다. 단호박은 그 정도로 칼로리가 낮다. 칼로리가 낮으면서 포만감까지 주는 단호박은 마지막 보루와 같은 탄수화물 군이다. 다만 가격이 고구마보다 살짝 비싸다. 요즘에는 단호박 역시 상온 보관이 가능한 형태로 판매하기 때문에 어렵지 않게 구할 수 있다. 또한 단호박과 유사한 미니 밤호박도 다이어트하는 사람들에게 인기가 많다.

직장인을 위한 추천 조리 방법

미니 밤호박을 사서 전자레인지에 조리하는 것을 추천한다. 랩을 크게 준비해서 깨끗이 씻은 미니 밤호박을 잘 싼 다음 5~7분가량 돌려주면 맛있게 익는다. 칼로 가운데를 잘라서 호박씨를 파 내고 나서 원하는 크기로 잘라서 먹으면 된다. 시간이 조금 여유가 있다면 전자레인지 조리가 끝난 미니 밤호박을 에어프라이어에 5분가량 돌리면 크리스피 한 식감까지 더해져서 정말 맛있다. 많이 먹어도 칼로리가 높지 않으니까 죄책감도 덜하다. 금전적인 여유가 있다면 매일 먹고 싶은 음식이다.

현미밥

식이섬유가 풍부한 현미 역시 다이어트에 좋은 음식이다. 식이 섬유가 풍부한 껍질 부분을 소화하면서 자연스럽게 탄수화물은 천천히 소화 흡수된다. 이러한 작용으로 인해서 혈당을 빠르게 올리지 않으며 다량의 비타민과 무기질도 섭취가 된다. 다이어트를 하는 와중이지만 밥은 포기하지 못하는 직장인들이 있다. 꼭 밥을 먹어야 하는 사람들에게 추천할 수 있는 음식이다. 간혹 현미가 소화가 안 된다고 하는 동료들이 있는데 본인에 맞게 적정량을 섭취하고, 소화가 불편하면 굳이 현미를 고집하기보다는 다른 대안을 선택하는 것이 바람직하다.

직장인을 위한 추천 조리 방법

개인적으로는 밥을 지어서 해 먹은 적은 없다. 즉석밥 형태의 제품을 섭취했다. 130g짜리 현미밥 24개를 만원 대에 무료배송으로 판매하는 다이어트 음식 전문 쇼핑몰이 있어서 구매했다. 한 끼에 130g을 먹었는데 계산해 보면 몇백 원 꼴이라서 가성비도 좋다. 전자레인지에 대략 2분 정도 돌린 후 섭취하면 된다.

오트밀

오트밀(귀리)은 슈퍼푸드 목록에서 꽤 오랜 기간 상단에 랭크되는 곡물이다. 섭취 방법도 간단하고 먹는 형태도 다양해서 여러 방법으로 섭취 예정이다. 말레이시아에서 많이 생산되는 농작물이어서 해외 출장 기간에 많이 먹었다.

직장인을 위한 추천 조리 방법

뜨거운 물만 적당히 부으면 수프처럼 완성이 되는 오트밀 제품들이 많다. 아침에 따뜻하게 섭취하기에 정말 좋다. 적은 양의 섭취로도 포만감이 꽤 오래가는 편이다. 또한 일반 스마트폰의 반 개 정도 크기의 건조된 오트밀 제품이 있는데 휴대하면서 먹기 좋다. 누룽지와 비슷한 형태라고 보면 되는데 그냥 먹어도 되고 따뜻한 물을 부어서 죽처럼 먹어도 된다. 개인적으로는 이 건조 오트밀을 3조각씩 소분해서 점심때 3조각, 저녁때 3조각 먹는다. 한 조각에 20g 정도이며 열량은 50kcal 정도 되는데 개인적으로는 세 조각이 적당하다. 고소한 맛에 질리지도 않고 시리얼, 토핑, 요플레 등과 응용해서도 여러 방법으로 섭취가 가능하다.

누구나 따라 할 수 있는 직장인 도시락

다이어트 식단을 직접 구성해 보지 않은 사람은 식단 구성에 관해서 부담을 느낀다. 번거롭고 시간이 오래 걸린다고 생각한다. 가끔 DM(Direct message)을 통해서 식단 준비에 관해서 물어보는 분들이 있다. 그중에 한 가지 질문이 이 모든 준비를 어떻게 직접 하냐는 것이었다. 그런 분들을 위해서 준비했다.

'누구나 따라 할 수 있는 20분 만에 두 끼 식사 준비하는 법'을 한 번 배워 보자.

요즘에는 별도의 해동 과정이 필요 없는 상온 보관 다이어트 제품들이 상당히 많다. 고구마와 단호박은 물론, 닭가슴살, 연어 등도 상온 보관 제품으로 출시된다. 사실 이런 제품만 섭취하면 2분 만에 식단 준비가 가능하다. 5분 정도 여유가 있다면 사진 촬영과 칼로리 계산 및 SNS 업로드까지 가능하다. 빨리 먹는다면 준비와 식사가 10분 안에 모두 이루어질 수 있다. 플레이팅을 하지 않고 햄버거를 먹듯이 포장만 뜯어서 먹으면 5분 컷도 가능하다. 이렇듯 간편하게 준비할 수 있는 재료와 방법이 많다. 이 장에서 소개할 '20분 만에 두 끼 식사 준비하는 법'은 내가 직접 음식을 만들어서 먹기 직전 준비까지 하는 과정이다. 상온 보관 제품은 사용하지 않았다. 먼저 재료의 준비가 필요하다.

1. 식재료 (생닭 가슴살 200g, 고구마 300g, 미니 파프리카 6개, 오이 1개, 블루베리 50g, 시나몬 가루)
2. 전자레인지
3. 에어프라이어
4. 칼과 도마, 집게, 전자레인지용 플라스틱 용기 1개
5. 플레이팅 할 접시
6. 도시락 통

에어프라이어가 없는 경우에는 프라이팬을 사용해도 무방하다. 시나몬 가루는 기호에 따라서 첨가해도 되고 빼도 된다. 지방을 연소해주는 기능이 있고 향이 좋아서 과하지 않게 고구마에 뿌려 먹는다. UFC 파이터 김동현 선수가 다이어트할 때 시나몬 물을 먹는다는 언급을 해서 화제가 된 적이 있다. 다이어트할 때 부담이 없으니 고구마가 질릴 때 한 번씩 뿌려보는 걸 추천한다.

Step 1

일단 닭 가슴살 200g을 에어프라이어에 넣고 최대 온도로 10분간 돌린다. 현재 가지고 있는 에어프라이어는 200도가 최대이다. 에어프라이어가 없다면 프라이팬에 기름을 살짝 두르고 구워도 된다. 기름은 과하지 않게 둘러 주는 것이 좋다. 강도 있는 다이어트를 하는 직장인 분들이라면 온라인에서 쉽게 구입할 수 있는 0kcal 식용 오일을 사용하는 것을 추천한다.

Step 2

닭가슴살이 돌아가는 동안 고구마를 빠르게 씻어서 전자레인지용 용기에 넣는다. 용기에 넣을 때 물을 살짝 넣고 뚜껑을 닫아야 찌는 효과가 있다. 찜기를 사용해서 조리해도 상관없다. 하지만 아침이 분주한 직장인들 같은 경우에는 빠르게 전자레인지를 사용하는 것이 시간을 줄여준다. 5분간 돌려준다.

Step 3

닭가슴살과 고구마가 돌아가고 있는 동안 야채를 손질한다. 파프리카와 오이는 먹기 좋은 사이즈로 자르면 된다. 블루베리는 대략 50g 정도를 씻기만 하면 된다. 씻어서 나온 유기농 과일을 살 수 있다면 시간이 절약된다. 준비한 야채들과 블루베리를 도시락통과 플레이팅 할 그릇에 반씩 나눈다.

Step 4

야채와 블루베리 손질이 끝날 때쯤이면 전자레인지 종료 음이 들린다.

그러면 고구마를 뒤집어서 다시 한번 3~5분가량 돌려준다. 한쪽으로만 돌릴 때 보다 뒤집어 주었을 때 더 잘 쪄진다. 두 번째로 전자레인지에 들어간 고구마가 다 조리될 때쯤 에어프라이어에서도 종료 음이 울릴 것이다. 닭가슴살을 반대로 뒤집어서 약 8분간 더 돌려준다. 조리 시간은 해동 여부와 본인의 기호에 따라 차이가 있을 수 있다. 시간이 조금 더 걸리지만 바삭하고 과자 같은 식감을 원한다면 10분에서 15분 정도 조리하면 된다. 프라이팬에 오일을 두르고 굽는 방법을 택했다면 타지 않도록 상태를 봐가면서 뒤집어 줘야 한다.

Step 5

고구마가 다 돌아가면 끝을 자르고 한입에 먹을 크기로 잘라준다. 주의해야 할 점은 전자레인지 용기에서 고구마를 집을 때 반드시 집게로 집어야 한다. 경험상 단호박과 고구마는 전자레인지로 조리를 했을 때 굉장히 뜨겁다. 화상까지는 아니더라도 손에 닿았을 때 굉장히 뜨거워서 손으로 잡으면 놓칠 수 있다. 출근 전에는 이런 사소한 일들로 기분이 망치는 일이 없도록 하는 것이 직장인의 하루 시작에 매우 중요하다.

Step 6

고구마는 1~2분 정도 놓아두면 살짝 식는다. 손으로 만질 수 있을 때까지 식히면 된다. 껍질을 까서 반은 도시락통에, 반은 플레이팅 할 그릇에 야채와 블루베리와 함께 놓아둔다. 이 순간부터 고구마를 돌렸던 전자레인지 용기는 필요가 없으니 간단하게 설거지를 해 둔다.

Step 7

설거지가 끝나면 에어프라이어에서 종료 음이 울린다. 이 닭가슴살 두 덩이를 집게로 집어서 먹기 좋은 형태로 자른다. 그리고 100g은 도시락통에, 그리고 나머지 100g은 플레이팅 할 그릇에 놓는다. 고구마 위에 시나몬 가루를 솔솔 뿌려주면 두 끼 식사의 준비가 20분 만에 종료된다. 빠르게 먹고 사용했던 도마와 칼, 집게를 설거지하면 식사 준비의 흔적을 없애고 깔끔한 출근이 가능하다.

물론 20분이라는 시간은 평균적으로 계산 한 시간이다. 컨디션과 크고 작은 변수들에 의해서 단축도 가능하고 살짝 지연되기도 한다. 중요한 것은 크게 부담이 가지 않는 시간 안에서 충분히 준비가 가능하다는 것이다. 실제로 새벽 운동을 마치고 6시 20분에 준비해서 30분 동안 준비와 식사와 설거지까지 마친다. 서둘러서 먹는 편도 아니라서 체한 적도 없다. 이렇게 준비를 하고 샤워를 한 후 도시락을 챙겨서 집을 나서는 게 7시 20분이다. 정해진 출근 시간인 8시의 10분 전에 여유 있게 도착할 수 있다.

시간을 더 단축하기 위한 팁은 여러 가지가 있다. 사실 내 식단 준비 과정은 에어프라이어의 동작 시간과 거의 일치한다. 따라서 에어프라이어를 사용하지 않는 조리 방법이 있으면 시간을 10분 이상 단축하는 것도 가능하다. 야채나 과일 혹은 고구마도 미리 전날 조리해 놓으면 더욱더 시간을 줄일 수 있다. 다만 중요하게 전달하고자 하는 메시지는 절대로 직장인이 부담을 가질 만한 시간이 소요되지 않는다는 것이다. 오늘부터 20분만 일찍 일어나서 식단을 준비해 보자. 부지런하고 건강해질 뿐만 아니라 요리의 즐거움까지 알게 될 것이다.

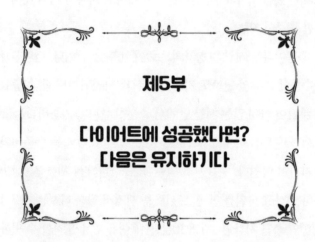

제5부

다이어트에 성공했다면?
다음은 유지하기다

다이어트 4년차 직장인이
월요일 식단은 꼭 지키는 이유

작은 성취를 맛보는 것은 자신감을 갖게 해 준다

어떠한 일에 자신감을 느끼게 되는 과정 중 한 가지는 작은 성취를 반복하는 것이다. 비록 작은 목표일지라도 계획대로 달성하는 것이 무엇보다 중요하다. 이러한 일들이 반복되면 더 큰 목표를 도전할 때 근거 있는 자신감을 가질 수 있다.

식단관리가 몸에 배지 않은 다이어트 초보 직장인들에게는 하루하루가 도전이다. 이럴 때 일수록 월요일부터 계획된 다이어트 식단을 먹는 것이 중요하다. 한 주의 시작인 월요일부터 본인이 계획한 다이어트 스케줄을 지키면 나머지 일주일도 해낼 수 있다는 자신감이 생긴다.

반면 월요일부터 본인이 계획한 식단에서 벗어나 먹고 싶은 음식을 양껏 먹고 음주를 한다면 남은 일주일도 위태로울 수 있다. 성공적인 일주일을 위해서는 첫 단추를 잘 끼우는 것이 중요하다. 주말이 가는 게 아쉬운 것은 어느 직장인이든 학생이든 마찬가지이다. 그렇더라도 적당한 선에서 주말을 마무리하고 일찍 잠자리에 드는 것이 성공적인 월요일을 보낼 수 있는 시작이다.

월요병 극복의 하나의 방법

정해진 시간에 출퇴근하고 일과 시간 중에는 상사가 시키는 일을 한다. 조금 과장해서 이야기하면 회사 내에서 본인의 자유의지가 거의 없이 기계처럼 생활하는 직장인들이 많다. 물론 회사 내에서 지켜야 할 것들을 지키며 시스템에 따라서 움직이는 것은 당연하다.

하지만 주체성이 너무 결여된 삶은 공허함을 가져올 수 있고, 목적 없이 떠도는 느낌을 받을 수 있다. 자유롭게 내가 하고 싶은 것들을 하는 주말이 끝난 월요일에 특히 이런 감정들이 심해질 수 있다. 월요일에는 작더라도 내가 스스로 할 수 있는 것들을 하는 것이 중요하다. 이것이 다이어트하는 직장인들이 월요일 점심시간에 꼭 본인이 준비한 식단을 먹어야 하는 이유다.

조직 내에서 정해진 규칙을 따라서 하는 생활에서 벗어나 잠시나마 내가 통제하는 시간을 갖는 것이다. 아침 일찍 일어나서 준비한 식단을 먹으면서 회사와는 별개로 나름 '다이어트'라는 나만의 목적을 추구하는 자신을 발견할 때 자신감이 생긴다. 또한 묵묵히 자신만의 길을 가는 자신을 보면서 대견함을 느끼고, 잠시나마 월요병에서 벗어나는 순간이 될 것이다.

치팅의 고리 끊기

Personal Trainer 혹은 파트너와 함께 운동하다 보면 힘든 순간이 있다. 세트와 세트 사이에 이야기가 끊이지 않을 때이다. 운동을 한 세트 하고 잠시 휴식을 취했다면 바로 다음 세트에 들어가야 하는데, 재밌는 이야기를 나누면 끊기 어려울 때가 있다. 그렇게 이야기가 이어지다 보면 어느새 5분 10분이 흘러가고 흐름이 끊기게 된다. 가장 안 좋은 경우는 운동 후반부에 이런 상황이 발생해서 '차라리 오늘 운동 접고 다음에 제대로 하시죠' 하고 관두는 것이다.

운동과 마찬가지로 음식을 먹는 것도 끊을 때는 확실히 끊는 것이 중요하다. 평소에 나는 다이어트에 관한 이야기를 할 때 일요일 정도는 먹고 싶은 음식을 먹으라고 권하는 편이다. 전문 보디빌더 혹은 급격한 다이어트를 하는 상황이 아니고, 지속 가능한 다이어트를 추구하려면 스트레스는 풀어줘야 하기 때문이다. 그렇게 스트레스를 풀었으면 월요일부터는 다시 돌아가야 한다.

즐거웠던 어제와의 고리를 끊고 오늘부터 다시 다이어트 식단관리를 시작해야 한다. 밀린 방학숙제를 한 번에 하면 힘든 것처럼 '오늘 하루쯤은 더 먹어도 되겠지'하는 생각으로 또 양껏 먹으면 돌아가기 힘든 상황에 직면할 수 있다. 특히 요즘은 모여서 회식자리를 갖는 것은 지양하는 것이 안전하므로 식단 관리하기 더없이 좋은 상황이다. 앞서 이야기했듯이 월요일부터 하는 확실한 식단관리가 일주일을 성공으로 이끌 것이다.

90년생 직장인이 4년째
꾸준한 식단관리를 하는 비결

　최근 한 유명작가의 90년대생의 문화에 관한 책은 회사에서 저자가 90년생 직원들과 직접 마주하며 겪은 그들의 특징 및 트렌드에 관한 책이다. 1990년에 태어난 나는 이 책을 읽고 공감하면서, '직장인의 다이어트' 역시 90년생의 특징이 있다고 확신한다. 간단하고 효율적인 것을 추구하고, SNS를 적극적으로 사용하는 등의 특징은 다이어트에 적용해도 긍정적인 효과를 얻을 수 있다. 90년생 직장인의 꾸준한 식단관리의 비결은 트렌드와 밀접하다.

　90년대생과 함께 사회에 등장한 에어프라이어.

2010년대 중반에 가전제품 시장에서 핫하게 떠오른 에어프라이어는 간편한 식단관리를 도와준다. 90년생들이 대학을 졸업하고 사회생활을 처음 시작한 시기가 2010년대 중반이다. 직장을 구하면서 새로운 집을 얻을 때, 에어프라이어를 구매하거나 선물을 하는 사람들이 많았다. 90년생으로 올해 나이가 32살인 나 역시 집에 에어프라이어가 있다. 1인 가구가 사용하기에는 가장 적은 용량의 에어프라이어도 충분하다. 하지만 한 번에 닭가슴살을 많이 구울 때를 대비해서 중형의 용량을 사용하고 있다.

무엇이든 꾸준히 하려면 간단한 것이 좋다. 절차가 복잡하고 시간이 오래 걸리는 것들은 꾸준히 지속하는 데 어려움이 있다. 식단관리도 마찬가지다. 에어프라이어를 이용하면 두 끼, 세 끼 분의 음식을 준비하는데 20분이 채 걸리지 않는다. 90년생들을 대표하는 한 가지 키워드는 효율성이다. 시간이 오래 걸리거나 지루한 것은 제쳐두고 빠르게 본인이 필요한 정보들만 유튜브를 통해 시청한다. "별다줄"(별걸 다줄이네), "스압"(스크롤의 압박) 등 조금이라도 길어지는 문장을 90년생들은 아무렇지도 않게 간단하게 줄여버린다. 식단 역시 90년대생 스타일은 빠르고 간단하게 만드는 것이다. 이를 위해 가장 적합한 기구는 에어프라이어다. 오래 쓰기에 가격도 적당한 편이어서 사회 초년생인 90년생들이 구매하기 적당하다.

운동하는 직장인의 SNS 활용.

90년 대생들은 SNS에 상당히 익숙한 세대이다. 학창 시절부터 미니홈

피, 페이스북 인스타그램 등을 해왔고 업로드와 공유, 검색 등을 너무나도 쉽게 사용한다. 실제로도 맛집 검색이나 사고 싶은 물건을 검색할 때, 포털사이트에 검색하는 것보다 SNS 해시태그(#)로 검색하는 것이 훨씬 빠르고 정보도 많다. 다이어트나 식단 관리를 꾸준히 한다는 것은 자신과 싸움이라 외롭고 고독하다고 느껴질 수도 있다. 그럴 때, 소셜 네트워크 해시태그로 '#운동하는직장인'을 검색해보자. 저마다의 고독한 싸움을 하는 수십만 명의 직장인들을 발견할 수 있다. 이런 사람들의 피드를 보면서 동기부여를 얻을 수도 있고 식단 관리를 참고할 수도 있다.

마음이 맞는 사람들끼리 네트워크를 형성해서 같은 목표를 갖고 다이어트를 진행하는 경우도 상당히 많다. 나 역시도 이렇게 알게 된 운동하는 직장인들이 상당히 많다. 연락을 주고받으며 좋은 관계를 형성한 사람들도 더러 있다. 또한, 다이어트와 식단관리라는 취미를 공유하면 빠르게 공감대를 형성할 수 있고 친해질 수 있다. 빨리 가려면 혼자 가야 하지만 멀리 가려면 함께 가야 한다. 누군가는 다이어트를 평생 해야 하는 것이라고 한다. 이왕 하는 다이어트, 전 세계에 있는 수많은 동료 직장인들과 함께 하면 지치지 않는 즐거운 다이어트를 할 수 있을 것이다.

커진 다이어트 음식 시장을 적극적으로 이용하라.

90년 대생들이 본격적으로 사회에 나온 2014~5년에 한국 피트니스, 다이어트 음식 시장도 팽창하기 시작했다. 예전에는 보디빌더들의 영역으로만 여겨졌던 대회들에서 일반인도 충분히 도전 가능한 종목을 만들기 시작했으며 대회 개수도 많아졌다. 점점 참가자 수가 많아졌고, 이를 위해 식단관리를 하는 사람들도 늘어났으며 헬스장, 피트니스 용품 샵도 많아졌다. 특히 닭가슴살과 관련된 식품들이 대단히 많아졌다.

90년생들이 본격적으로 사회에 나온 요즘이 다이어트하기에는 더없이 좋은 시기이다. 생닭 가슴살을 삶아 먹으면서 다이어트를 했던 예전에는 상상할 수 없었던 음식들이 많이 출시되었다. 닭가슴살 피자, 닭가슴살 소시지, 닭가슴살 스테이크 등등 평생 먹어도 질리지 않을 만큼 맛있는 음식들이 많다. 또한 연어, 소고기, 심지어 악어 고기까지 다양한 단백질 공급원을 온라인 배송으로 구매할 수 있다. 생닭 가슴살, 약간의 조미료가 들어가 있는 닭가슴살을 번갈아서 먹으면 질리지 않는 지속 가능한 다이어트를 더 수월하게 해 준다. 요즘에는 업체가 다양하고 많아짐에 따라 가격도 크게 비싸지 않다. 90년대생 직장인이라면 하루 몇천 원의 부담되지 않는 가격선에서 다이어트 식단 재료를 구입할 수 있다.

다이어트하는 직장인이
휴일을 가치 있게 보내는 방법

직장인에게 휴일은 매우 소중하다. 누구에게는 휴식 및 재충전을 위한 시간이고, 또 누구에게는 소중한 사람을 만나는 시간이다. 하지만 다이어트하는 직장인에게는 마냥 편한 시간은 아니다. 주말에는 특히 나태함과 음주 등의 유혹에 빠지기 쉽기 때문이다. 평일에 못 잔 잠을 주말에 몰아서 자다가 운동을 거르게 되는 경우도 발생한다. 그러면 어떻게 휴일을 가치 있게 보낼 수 있을까? 다이어트하는 직장인이 휴일을 가치 있게 보내는 방법 3가지를 이야기해 보려고 한다.

식단 준비(Meal Prep) / 장보기

바쁜 평일보다는 여유가 있는 휴일(주말)에 일주일 식단을 준비해 놓는 것이 편하다. 말레이시아에서 근무 할 때 일요일마다 장을 보러 대형마트에 갔다. 마트가 여는 시간에 맞춰서 가서 30분이면 장을 보고 올 수가 있다. 약 1년을 다녔기 때문에 최단 동선으로 식재료를 구입하고 빠르게 나오는 것이 가능하다. 먼저 야채 코너에서 야채, 과일(베리류) 등을 사고 정육코너에서 닭가슴살, 소고기 등을 산다. 그리고 시리얼 코너에서 오트밀을 사고 필요시 견과류를 조금 사면 최단 동선이다.

이렇게 휴일 오전에 장을 봐 놓고 사온 식재료들을 냉장고와 냉동실에 저장을 해 놓는다. 이 모든 과정이 9시 30에서 11시 사이에 마무리된다. 한국에서는 굳이 마트에 갈 필요도 없다. 배송 서비스가 잘 되어있는 업체를 이용하면 편하다. 물론 평일에도 가능하지만 시간적 여유가 있는 주말에 준비 해 놓는 것이 주말을 조금 더 알차게 보낼 수 있는 방법이다.

유산소 운동 및 근력 운동

시간적 여유가 있는 주말에는 유산소 운동을 길게 할 수 있다. 다이어트를 할 때는 유산소 운동 뿐만 아니라 근력 운동도 병행해야 멋진 몸을 만들 수 있다. 주말에는 여유를 갖고 본인이 그동안 소홀했던 부위의 운동을 보강해서 하는 것을 추천한다. 웨이트 동작 중 자세가 안 나와서 잘 수행하지 못했던 동작을 연습할 수 있는 좋은 기회이다. 평소에 자극이 근육에 잘 전달되지 않았던 부위를 집중 공략할 수도 있다. 사람은 누구나 특히 발달된 부위가 있고 그렇지 못한 부위가 있다. 대부분의 사람들은 자연스럽게 발달된 부위의 운동을 쉽게 하고 좋아하게 된다. 그렇지만 식사를 편식하면 안 되는 것처럼 운동도 골고루 해 주어야 한다. 그래야 다이어트로 지방을 걷어냄과 동시에 신체에 근육이 고루 발달한 멋진 몸을 가질 수 있다.

가장 먹고 싶었던 음식 먹기

평일에 절제하면서 열심히 다이어트 식단으로 구성한 식사를 했다면 휴일에는 먹고 싶은 음식을 먹어도 괜찮다. 보디빌딩 대회를 준비하거나 보디 프로필 촬영을 위해서 체지방을 많이 걷어내야 하는 것이 아니라면 하루 정도는 맛있게 먹어도 된다. 평일을 열심히 보낸 나에게 주는 보상이라고 생각하고 맛있게 먹자.

나 같은 경우는 토요일 저녁부터 일요일 아침까지 그동안 먹고 싶었던 과자, 시리얼, 기름진 고기 등을 먹는다.

그리고 일요일 오후부터 천천히 다이어트 식단으로 돌아간다. 내 방식을 참고해도 괜찮고 본인의 성향에 따라서 조금 덜 먹거나 더 먹어도 된다.

앞서 이야기 한 대로 주말에 유산소 운동과 근력운동도 하므로 일정 칼로리를 소비할뿐더러 우리 몸은 하루 이틀의 늘어난 식사량으로 인해 살이 급격히 찌지 않는다. 평일에 다시 열심히 운동하고 식단 조절을 하면 정상 체중으로 돌아온다. 또한 먹고 싶었던 음식을 먹으면 스트레스가 풀린다. 스트레스를 줄이면서 다이어트를 하는 것이 지속 가능한 다이어트의 첫 번째 요건이다.

평일에 절제와 인내로 다이어트를 지속했다면 휴일에 먹는 음식이 더욱더 맛있게 느껴진다. 이렇게 먹는 휴일이 다이어트를 지속하는 평일을 버티게 하는 원동력이 되어 주기도 한다. 휴일에 딱히 먹고 싶은 것이 생각나지 않는데 다이어트 음식을 먹기는 싫다면 추천하는 음식은 초밥, 소고기, 스테이크이다. 이왕 먹는 것이라면 튀기지 않은 음식, 당이 많이 포함되지 않은 음식이 다이어트에 좋기 때문이다.

하루 1분 이 운동이
직장인 365일 복근 유지의 비결

운동해서 몸을 멋있게 만들고 싶어 하는 직장 동료 및 친구들이 주변에 꽤 있다. 그중 가장 많이 듣는 질문 중 하나가 복근에 관한 질문이다. 특히 20대 후반에서 30대 초반까지의 사원 대리들이 가장 많이 물어본다. 더군다나 휴가철에는 급속으로 복근을 만드는 방법에 관해서 물어보는 사람도 있다. 예전에는 〈김치'복근'밥 세 끼 챙겨 드세요. 복근 생기실 겁니다.〉라고 이야기하면서 웃어 넘기기도 했다. 실제로 그렇게 하신 분이 있다면 죄송한 말씀을 드리면서, 이번 장에서는 운동하는 직장인인 필자가 효과를 본 굉장히 효율적인 복근 운동을 소개하려고 한다.

현재 나는 3분할 방식의 웨이트 트레이닝을 진행하고 있다. 가슴, 등, 하체 순으로 돌아가면서 진행하고 가슴 운동을 하는 날 마지막에 어깨 운동을 추가해서 하고 등 운동하는 날 팔 운동을 추가한다. 하지만 복근 운동 만큼은 빼먹지 않고 매일 한다. 매일 하지만 단 한 가지 운동을 한 세트만 간단히 진행한다. 그 운동은 행잉 레그 레이즈 'Hanging Leg Raise'다. 이 행 잉 레그 레이즈를 매일 60개씩 진행한다. 물론 한 번에 60개를 해서 끝내 기 때문에 1분 정도밖에 소요되지 않는다. 이렇듯 평범한 직장인도 매일 1 분 정도의 투자로 강력한 복근을 가질 수 있다. 아! 이것이 나의 소확행이 기도 하다.(소소하지만 확실한 행잉 레그 레이즈)

행잉 레그 레이즈를 하는 법

1. 철봉에 매달린다. 손바닥이 몸쪽을 향하던 바깥쪽을 향하던 상관이 없다. 본인이 편한 방식으로 매달리면 된다. 개인적으로는 손바닥이 바깥 쪽을 향하도록 바(bar)를 잡는다.

2. 숨을 들이쉬면서 하복부의 힘으로 두 다리를 허리까지 끌어올려서 몸 형태를 ㄴ자로 만든다. 숙련자라면 더 확실한 수축을 위해서 밑의 영상 처럼 다리를 가슴 혹은 머리 높이까지 올린다. 하지만 하복부의 힘만을 사 용해서 허리까지만 다리를 올려도 충분한 수축을 느낄 수 있다.

3. 숨을 내뱉으면서 내려오고 복근을 충분히 이완해준다.

행잉 레그 레이즈의 장점 (1) - 복근 이완에 효과적

다른 복근 운동과 차별화되는 행잉 레그 레이즈의 장점 첫 번째는 복근의 이완에 매우 효과적이다. 우리가 알고 있는 대표적인 복근 운동인 윗몸 일으키기(Sit up)에 대해서 생각해보자. 복근의 힘으로 몸을 일으키는 과정에서 복근을 수축하면서 근육을 자극한다. 하지만 다시 누울 때는 복근의 이완은 크게 일어나지 않는다. 행잉 레그 레이즈는 다리를 올렸다가 내릴 때 몸이 허공에 매달려있는 상태이므로 중력에 의해 복근의 이완이 크게 일어난다. 상급자라면 다리를 내리는 동작에서 몸통을 앞으로 내밀어서 활처럼 만들면 이완이 더 잘된다. 근육은 충분한 수축과 이완 동작을 통해서 성장하므로 행잉 레그 레이즈를 많이 하면 복근의 크기도 커진다.

행잉 레그 레이즈의 장점 (2) - 하복부 단련

직장인들의 배가 나오는 것은 대부분 하복부이다. 행잉 레그 레이즈는 바로 이 하복부의 긴장을 유지한 채로 진행되는 운동이다. 따라서 하복부를 근육으로 단련시켜 놓으면 그렇지 않은 사람보다 하복부에 체지방이 덜 끼게 된다. 그리고 행잉 레그 레이즈를 오래 지속해서 생긴 큼지막한 복근은 살집이 어느 정도 있는 상태에서도 윤곽이 뚜렷하게 나타난다. 때문에 이를 지속해주면 가끔 불규칙하게 식사를 하거나 과식을 하더라도 배에 힘을 주면 큼지막한 복근이 만져진다. 행잉 레그 레이즈가 이를 가능하게 해 준다.

행잉 레그 레이즈 할 때 주의점

행잉 레그 레이즈는 철봉(Pull up Bar)에 매달려서 진행하는 것이 효과적이다. 그래야 다리를 내렸을 때 복근의 최대 이완 효과를 볼 수 있기 때문이다. 하지만 처음에 행잉 레그 레이즈를 시작하는 초보자들 같은 경우는 다리를 올릴 때 몸이 앞뒤로 흔들려서 제대로 된 자세를 잡기 힘들다. 몸이 앞뒤로 흔들리는 이유는 다리만 올려야 하는데(Leg Raise) 온몸에 힘이 다 들어가기 때문이다. 이때 자세를 잡는 팁은 철봉에 매달린 채로 몸을 쭉 늘어트린다. 철봉을 잡고 있는 손 외에는 모든 근육에 힘을 뺀다. 그 상태에서 하복부에만 힘을 주고 천천히 다리를 올려서 몸을 ㄴ자로 만들면 된다. 조금씩 숙련될수록 자세가 몸에 익게 될 것이고 매일 노력하면 누구나 1달 안에 10개에서 15개는 충분히 할 수 있다. 또한 오래 지속할수록 매달려있는 팔의 힘도 강해져서 개수가 늘어나게 될 것이다.

식단관리 4년 차 직장인의
지속 가능한 관리 비결

재미 요소를 찾기

최근에 좋아하는 한 유튜버가 '당신의 몸이 좋아지지 않는 이유'라는 동영상을 올린 적이 있다. 그 동영상에서는 유튜버는 사람들이 식단도 잘 지키고 운동도 열심히 하는데 몸이 안 좋아진다고 한다는 불평에 해답을 내려준다. 해답은 조급해하지 말라는 것이다. 하루하루는 몸이 안 달라질지 모르지만 1년, 2년 사이에는 충분히 괄목할만한 성장이 있을 것이다.

식단 관리를 꾸준히 하고, 조급함을 덜 느끼려면 재미 요소를 찾는 것이 중요하다. 큰 목표만 갖고 식단 관리를 하다 보면 목표에 빠르게 도달하지 못하는 자신의 상태에 조급함을 느낄 수 있다. 하루하루 직접 식단을 구성하면서 플레이팅도 예쁘게 해 보고, 균형적인 영양소를 공급할 수 있는 다양한 음식들을 조합해 보면 재미를 느낄 수 있다. 또한 매 끼니 먹은 사진을 본인의 SNS 계정이나 블로그 등에 포스팅하면서 이웃들과 나누는 것도 큰 재미이다. 이렇듯 과정이 재미있으면 오래 지속할 수 있고 금방 원하는 만큼의 성장이 일어나지 않아도 버틸 수 있게 해 준다.

부정적인 감정을 이용하기

부정적인 감정을 이용하는 방법도 목표를 향해 지속해서 노력하는 데 도움을 준다. '선생님께 칭찬받기 위해서 공부를 열심히 한다', '좋은 대학을 가기 위해서 공부를 한다'라는 긍정적인 동기도 물론 좋다. 하지만 '친구들한테 무시당하지 않기 위해서 공부를 열심히 한다.', '대학에 떨어지지 않기 위해서 공부를 한다'라는 부정적인 감정에서 생긴 동기도 충분히 강력하다.

최근에 개인 블로그에서 다이어트하는 직장인을 인터뷰하는 '다이어트 고수를 찾아서' 콘텐츠를 진행했다. 그 중 몇몇 분들께서 부정적 감정을 이용해서 다이어트를 지속하셨다. 어떤 분 께서는 식단 관리 도중 무너지는 자신을 발견하면 자괴감이 들고 다음 날 생체 리듬을 바로잡기 위해 운동에 투자하는 시간이 매우 힘들다고 하셨다. 그 힘듦의 고통을 기억하고 먹고 싶은 음식을 참았다고 한다.

나 역시도 비슷한 방식을 다이어트 기간에 활용한 적이 있다. 절제된 음식의 종류와 양으로 식단을 지속하다가 못 참고 계획에 없던 고칼로리 음식을 양껏 먹은 적이 있다. 그러면 우리 몸의 소화계는 교란이 일어난다.

고정적으로 들어오던 음식이 아닌 소화가 빠른 고칼로리 음식이 갑자기 들어오기 때문이다. 그렇기 때문에 다음 날은 어김없이 배가 아프다. 이런 감정과 느낌을 기억한다면 다음에 식단 외의 음식을 먹고자 할 때 참을 수 있는 힘이 생긴다.

최대한 짧은 시간에 식사 준비하기

짧은 시간에 식사를 준비하는 능력은 지속 가능한 다이어트에 큰 도움이 된다. 식단 관리를 하는 직장인들은 그렇지 않은 직장인들보다 기상 시간이 빠르다. 왜냐하면, 점심에 먹을 도시락을 준비해야 하기 때문이다. 늘 같은 시간에 일어나서 준비하면 문제가 없다. 하지만 살짝 20분 정도 늦잠을 자게 되면 시간이 없다는 핑계로 식단 준비를 안 하는 경우가 생길 수 있다.

이런 경우를 대비해서 늦잠을 잤어도 식단을 구성할 수 있을 만큼 최대한 빠른 식단을 구성하는 능력이 필요하다. 2020년 해외 근무 당시를 예로 들면 평소에는 5시 10분쯤 여유 있게 일어나서 스트레칭 혹은 운동 후에 샤워를 한다. 그리고 식당에 내려가 아침을 먹고, 점심과 저녁에 먹을 식단을 준비한다. 그러면 출근 버스에 6시 30분에 탈 수 있다. 그런데 최근에 늦잠을 자서 5시 50분에 일어난 적이 있다. 그런데도 아침을 먹고 점심 저녁 식사를 모두 만들고 정확하게 6시 30분에 출근버스에 탑승했다. 틸라피아 500g을 에어프라이어에 넣고 20분을 돌리는 동안 샤워를 하고, 반은 아침식사로 먹고 반은 점심 도시락으로 챙겼다. 그리고 아침을 먹고 양치를 하는 동안 소고기를 에어프라이어에 구워서 저녁식사로 만들어놓고 출근을 했다.

　이렇듯 누구나 40분이면 3끼 식사 준비가 가능하다. 머릿속에서 다음에 해야 할 일을 조금씩만 미리 그려 놓으면 충분히 가능한 일들이고 식단 관리의 흐름이 끊기지 않도록 하는 비결이다. 특히 한국에서는 상온 보관 다이어트 제품도 많이 출시되므로 더 적은 시간에 준비가 충분히 가능하다.

다이어트한 몸매
평생 유지하는 비결 3가지

　　운동과 다이어트를 통한 건강한 몸만들기에 관심을 가지고부터, 관련 취미를 가진 사람들과 정보 공유를 많이 하게 되었다. 여러 사람과 대화를 나누다 보니 본인들만의 '다이어트 몸매 유지 방법'들이 있었다. 다이어트한 몸매를 잘 유지하는 이런 사람들을 '유지어터'(유지+Diet+er)라고 한다. 한 가지 알아두어야 할 점은, 다이어트와 유지어트는 확실히 다른 개념이다. 원래는 다이어트란 식이요법을 지칭하는 단어이다. 하지만 우리는 흔히 체중을 감량하는 것을 일컬어 다이어트라고 한다. 그러나 유지어트는 다이어트를 통해 감량한 체중을 크게 벗어나지 않은 선에서 지속해서 유지하는 것이다. 저마다 다른 '유지어터'들의 방법들을 크게 3개의 범주로 묶어 보았으니, 직장인의 지속 가능한 다이어트에 참고하기 바란다.

먹을 수 있는 공간과 없는 공간 분리

말 그대로 어떤 공간에 한정해서, 그곳에서는 절제된 식단으로 구성된 식사를 하고, 나머지 공간에서는 먹고 싶은 것을 먹는 방법이다. 한 유튜브 채널에서 보고 영감을 얻은 방법인데, 따라 하기 어렵지 않다. 물론 해당 방법을 이야기한 사람은 전문적인 헬스 트레이너지만 평범한 직장인이나 학생들이 따라 하기에 충분히 가능한 방법이다.

이 방법을 사용하는 헬스 트레이너는 본인의 직장인 피트니스센터에서는 칼같이 식단을 한다. 그리고 모든 PT 수업과 운동을 마치고 밤늦게 퇴근해서 집에 가면 맛있는 음식을 먹는다고 한다. 하루에 4끼를 먹는 사람이라고 가정하면 3끼는 직장에서 건강하고 깨끗한 저칼로리 음식을 섭취하고 한 끼만 집에서 맛있게 먹는 것이다. 그에게 직장은 '식단을 하는 곳'이고 집은 '편하게 맛있는 음식을 먹는 곳'이다. 이런 식으로 오랜 기간 생활해 보니 직장에서는 딱히 먹고 싶은 음식 생각이 나지 않는다고 한다. 그리고 집에 도착해서도 물론 맛있는 음식을 먹을 때도 있지만, 일이 힘든 날에는 그럴 새도 없이 냉장고에 있는 음식을 적당히 먹고 쉰다고 한다. 자연스럽게 살은 빠지게 될 것이고 건강한 몸을 유지할 수 있다.

평범한 회사원이나 학생도 학교나 직장에서는 철저하게 식단을 하고 집에서는 맛있는 것을 먹는 방법으로 이를 실천할 수 있다. 물론 적당량의 운동을 해 주는 것도 잊지 말아야 한다.

본인 만의 음식 섭취 절대 규칙 설정

이런 규칙을 가진 사람은 대부분 정신력이 강한 사람이 많다. 대부분의 일반식을 섭취하지만 무슨 일이 있어도 안 먹는 음식이 있는 유형이다. 여러 가지 유형이 있을 수 있다. 예를 들면 식사는 마음껏 하되, 뒤에 디저트는 절대 안 먹는 사람이 있다. 내가 본 또 다른 유형은 가공된 육류는 절대 섭취하지 않는 사람이 있었다. 삼겹살이나 수육 등은 먹지만, 소시지나 햄 같은 음식이 식탁 위에 올라오면 아무리 배가 고파도 먹지 않는다. 이유는 건강상 좋지 않기 때문이라고 했다. 튀김, 혹은 라면을 절대 먹지 않는 사람들도 있다. 커피를 마셔도 절대 시럽을 넣지 않는다던가 콜라는 무조건 다이어트 콜라만 마시는 사람들도 크게 보면 이런 부류에 해당한다. 과도한 당류가 들어가 있는 정제 탄수화물류는 절대 섭취하지 않겠다는 본인 만의 기준을 가진 사람들이다.

전에 같이 근무하던 선배 중 절대 라면을 먹지 않는 분과 이야기를 나눠 본 적이 있다. 전에는 라면을 좋아했지만, 밀가루 음식과 성인병에 관련된 한 다큐멘터리를 보고 나서부터는 라면에 손이 가지 않았다고 했다. 그러다 보니 자연스럽게 먹지 않게 되었고, 오랜 시간이 지나자 옆에서 누가 맛있게 라면을 먹어도 먹고 싶다는 생각이 들지 않는다고 했다. 이제 선배의 인생에서 라면의 진한 MSG의 맛으로 느낄 수 있는 행복은 없지만, 라면의 섭취로 인한 건강상 위험이 줄었으니 꽤 괜찮은 거래라는 생각이 들었다. 이런 식으로 건강에 안 좋은 특정 음식이나 조합은 절대 안 먹는 유형도 슬림한 몸매를 가진 경우가 대부분이었다.

먹은 만큼 많이 운동하기

한 가지를 얻으려면 한 가지는 포기해야 하는 것이 이치다. 건강하고 섹시한 몸매를 얻기 위해서는 맛있는 음식을 포기해야 하고, 고지방, 고칼로리의 맛있는 음식을 충분히 즐기려면 건강하고 섹시한 몸을 만드는 것을 포기해야 한다. 하지만 시간을 포기하면 두 가지를 다 얻는 것이 어느 정도 가능하다.

세 번째 다이어트 유형은 맛있는 것도 많이 먹고 그만큼 운동도 오랜 시간 동안 열심히 해서 체중을 유지하는 스타일이다. 다시 말해서 고칼로리 음식을 먹은 만큼 그에 상응하는 양의 칼로리를 운동을 통해서 태우는 사람들이다. 체지방 감량에는 웨이트뿐만 아니라 유산소 운동이 도움이 되기 때문에 유산소 운동에 꽤 많은 시간을 할애해야 한다. 이를 위해 잠을 줄이는 사람도 있고 틈틈이 걷거나 뛰어서 칼로리를 소모하는 사람도 있다. 한마디로 먹기 위해 운동한다고 표현할 수 있다.

이 유형의 사람들 역시 강한 정신력을 필요로 하는 건 마찬가지이다. 고칼로리의 맛있는 음식을 먹었으면 아무리 피곤하고 일이 힘들더라도 섭취한 열량을 태워야 하기 때문이다. 어떤 일이든 미루지 않고 당일 내 끝내는 것은 강한 정신력을 가진 사람들의 공통된 특성이다.

특별한 비법인 것처럼 소개를 했지만 사실 다이어트나 유지어트에 특별한 비법은 없다. 체중 감소의 진리 문장인 '적게 먹고 많이 움직인다'를 본인의 상황과 취향에 맞게 변형시키는 것이 나름의 방법일 뿐이다. 첫 번째와, 두 번째는 '적게 먹는 방법'을 다양하게 응용해서 본인의 다이어트 패

턴에 적용시키는 것이고, 세 번째는 '많이 움직이는 것'에 조금 더 초점을 맞출 뿐이다. 다이어트와 식단관리를 해 보니 무엇보다 중요한 것이 지속 가능한 다이어트이다. 도시의 수도승이라고 불리는 보디빌더들처럼 완벽히 철저한 식단관리는 일반인이 따라 하기에는 무리가 있다. 평범한 직장인은 어느 정도 맛있는 음식도 먹어주면서 유연한 다이어트를 하는 것이 몸 건강과 정신건강에 도움이 된다. 위에서 언급한 3가지 방법을 사용해서 지속 가능한 다이어트를 하는데 참고해 보자.

제6부

다이어트로 바뀐 나의 삶

평범한 직장인이 다이어트로 얻은
뜻밖의 장점들

각종 도전으로 이어진 자존감 상승

다이어트를 해서 '나도 해낼 수 있다'는 생각이 자리 잡으면 자존감이 높아진다. 이렇게 높아진 자존감은 다양한 기회들을 도전해 볼 수 있는 근거 있는 자신감으로 이어진다. 전에는 '내가 어떻게 감히 도전을 하지?'라고 생각했던 목표들에 도전할 수 있게 되는 것이다. 다이어트로 원하는 목표를 이루었다는 사실에서 비롯된 내적인 자신감, 그리고 외적으로 달라진 모습에서 느껴지는 자신감이 만나면 큰 시너지 효과를 낸다.

6월경 개최하는 국제 미남대회가 있다. 매년 약 30명의 다양한 직업군의 매력적인 젊은 남성들이 본선에 진출하고, 그중 상위 수상자들은 세계 대회에 한국 대표로 출전한다. 이 대회는 2017년에 한국 대표로 출전한 남성이 세계 대회에서 우승하면서 대중들에게 많이 알려졌다.

이 대회의 존재를 알고 있었지만 나와는 거리가 먼일이라고 생각했다. 그러나 다이어트 성공으로 인해 그 어느 때보다도 충만한 자신감으로 도전을 했다.

수많은 경쟁률을 뚫고 1차 서류에 합격하고 면접을 보게 되었다. 최선을 다해서 면접을 봤지만, 면접 후 합격자 명단에 내 이름이 없는 것이 슬프고 아쉬웠다. 그러나 한편으로는 자신한테 너무 놀랐다. 몇 년 전까지만 해도 지극히 평범하고 잘 생겼다는 소리 한 번 들어본 적 없던 나였다. 그런 내가 "미남 대회"에서 당연히 붙을 거라고 생각하고 아쉬워하고 있다는 것이었다. 다이어트로 높아진 자존감은 어느새 삶의 기준까지 높여주었다.

이처럼 다이어트를 통해서 건강한 몸을 만들게 되면 여러 기회들을 만날 수 있다. 물 들어왔을 때 노 저어라 라는 말이 있듯이, 멋지고 건강한 몸을 만들었을 때, 할 수 있는 여러 가지 경험을 해 보는 것이 좋다.

퍼스널 브랜딩

주식, 영어, 독서, 다이어트 이 4가지는 대한민국에서 꾸준히 핫한 주제이자 수요도 끊이지 않는다. 영상과 글 등으로 계속해서 관련 콘텐츠가 생산되고 또 소비된다. 특히 다이어트 같은 경우는 정답이 없다. 내가 시도한 다이어트가 누군가에게는 안 맞을 수 있지만 또다른 누구에게는 꼭 들어맞는 방법일 수 있다. 다이어트 방법과 노하우를 통해 도움을 얻은 사람들이 한두 명씩 모이고 그렇게 퍼스널 브랜딩이 시작된다.

　N잡, 부캐 등이 유행하면서 여러 가지 자아를 갖는 직장인들이 많아졌다. 운동하는 의사, 마라톤 하는 디자이너, DJ 하는 회사원 등등 가지각색이다. 직장에서는 공통된 가치와 규율의 테두리 속에서 조직의 구성원으로 생활하지만, 본인의 사적인 영역에서는 본인만의 콘텐츠로 퍼스널 브랜딩을 하는 사람이 많다. 본인의 다이어트 방법을 공유하고 소모임 등을 통해 운동을 함께하는 형식으로 브랜딩을 할 수 있다. 회사에서는 조직을 위해 열심히 일하고, 밖에서는 나를 브랜딩 해보자. 새로운 즐거움을 얻을 수 있을 것이다.

뜻밖의 경제적 이득

　다이어트를 하는 과정을 본인의 SNS 계정에 업로드하면 뜻밖의 경제적 이득이 생기는 경우가 있다. 예를 들면 다이어트 관련 제품들을 협찬을 받는 것이다. 새로 출시된 닭가슴살이나 다이어트에 좋은 차 등이 대표적인 협찬 품목이다. 닭가슴살만 협찬을 받더라도 식비의 많은 부분을 절약하는 것이 가능하다. 그로 인에 절약된 부분을 저축하거나 투자에 사용할 수 있으니 이는 확실한 경제적 이득이다.

　다이어트 관련 기록을 열심히 포스팅해서 SNS상에서 어느 정도 인지도를 구축한 경우는 여러 사이트에서 칼럼 제안도 받는다. SNS에서 영향력이 있다는 것은 그만큼 포스팅한 정보에 대한 신뢰도가 높은 것이다. 충분히 칼럼을 작성할 수 있고 이를 통해 원고료도 지급받을 수 있다.

단 하루라도 다이어트 계획을 지켰을 때 생기는 놀라운 일들

근거 있는 자신감이 생긴다

단 하루라도 계획을 지켰다면 자신감을 가질 수 있는 충분한 근거가 된다. 근거 있는 자신감을 키우기 위해서는 작은 일부터 스스로 해내는 경험이 무엇보다 중요하다. 단 하루라도 본인이 계획한 시간에 건강한 식사를 하고, 계획한 양만큼의 운동을 하면 된다. 사람에 따라서 다이어트 계획은 모두 다를 수 있다. 하루에 한 끼만 건강식으로 먹는 것을 계획할 수도 있고, 운동을 단 10분만 하는 것을 계획할 수도 있다. 또한 어떤 사람은 군것질만 안 하는 것을 계획으로 세울 수도 있다. 어떤 것이든 좋다. 중요한 건 그 하루 동안 지키는 것이다. 이렇게 지키면 작은 계획이지만 성공했다는 자신감을 가질 수 있기 때문이다.

하루하루 축적되는 자신감들은 내가 세우는 계획의 한계치를 높여준다.

오늘 한 끼만 샐러드 먹는 것에 성공했다면 내일은 두 끼를 건강하게 먹는 것으로 계획할 수 있다. 오늘 성공한 것이 근거가 되어서 내일도 할 수 있다는 자신감으로 이어진다. 내가 할 수 있는 범위를 정확히 설정한 자신감이 동반된 계획은 무모하기만 한 계획보다 훨씬 달성하기 쉽다.

소중한 데이터 축적

하루 동안 본인이 계획한 다이어트 식단 및 운동 루틴을 완전히 소화해 내면 하루만큼의 데이터가 쌓인 것이다. 다이어트를 함에 있어서 내 몸에 대한 데이터를 축적하는 것은 정말 중요하다. 다이어트를 진행하는 하루 동안 다음과 같은 데이터를 얻을 수 있다.

(1) 다이어트 식단을 구성했을 때의 비용
(2) 다이어트 식단을 먹고 속이 편했는지 혹은 불편했는지
(3) 구성한 다이어트 끼니를 먹었을 때 언제쯤 허기진 기분이 드는지
(4) 계획한 운동량은 소화하기에 불편함이 없었는지
(5) 직장 생활에 영향을 줄 만큼 힘든 수준이었는지 혹은 충분히 견딜만 했는지

간단히 5개만 적어 보았는데 이 외에도 여러 가지 데이터를 얻을 수 있다. 하루만 다이어트를 해도 최소 5개 데이터 항목을 나열할 수 있다. 이렇게 데이터가 나오면 본인의 상황에 맞게 피드백을 통해서 수정할 수 있다. 운동 강도를 조금 더 높일 수도 있고 낮출 수도 있다. 또한 허기짐이 몰려

오는 시기에 맞춰서 칼로리가 낮은 간식을 먹는다든지 하는 세부 계획을 조정할 수 있다.

특히 직장인들 같은 경우에는 직장 생활에 영향을 미치는지 경험해보는 것이 특히 중요하다. 식사량을 과도하게 줄이거나 운동량을 급격하게 늘리면 직장 생활에 지장을 줄 수 있으니 본인이 감당할 수 있는 한도 내에서 조절하는 것이 필요하다. 하루 만의 다이어트라도 이러한 데이터를 추출할 수 있고 지속 가능한 다이어트의 좋은 첫걸음이 될 수 있다.

어제와 다른 내일 아침

목표를 두고 계획한 일을 달성한 다음 날의 기분을 모두 알 것이다. 직장인이라면 힘든 프로젝트 성공적으로 마무리한 다음 날, 학생들이라면 기말고사에 원하는 성적을 받은 다음 날 등을 떠올리면 될 것이다. 물론 그 정도의 차이는 있겠지만 다이어트라는 나만의 계획을 달성한 다음 날도 뿌듯한 기분으로 일어날 수 있다.

아침에 일어났을 때의 기분은 하루 전체의 기분을 좌지우지할 정도로 중요하다. 아침에 일어나자마자 부정적인 것들을 생각한다면 하루 전체가 힘들어질 수 있다. 하지만 어제의 계획을 달성한 오늘의 아침은 기분 좋게 일어날 수 있다. 아직 어제의 성공 여운이 남아있고 그 자신감으로 인해서 오늘도 해낼 수 있다는 에너지가 생기기 때문이다. 이렇게 하루하루 긍정적인 기운으로 일어나면서 계획을 지키는 선순환이 계속되면 충분히 즐거운 다이어트를 할 수 있다.

직장인 다이어트 버킷리스트
'보디 프로필' 꿀팁 3가지

프랑스에서 시작한 도시락 가게를 세계적인 수준으로 일군 한국인 CEO분이 최근에 자서전을 출간하셨다. 독자들과 여러 채널에서 소통하면서 본인의 도전과 실패에 관해 이야기한다. 그분의 도전 중 한 가지가 '보디 프로필'이다. 사진을 직접 보면 마흔이 훌쩍 넘은 나이라고는 믿기지 않을 만큼 탄탄한 근육을 갖고 계시다. 이분도 처음부터 좋은 몸은 아니었다. 책을 읽어 본 사람은 알겠지만, 사업 실패 후 배도 많이 나오고 몸이 망가져 있었지만 노력으로 만든 몸이다. 누구든지 도전하면 가능하다는 것을 몸소 보여주고 있다.

'보디 프로필 찍기'를 버킷리스트로 갖고 있는 평범한 직장인들이 상당히 많다. 요즘은 보디 프로필 촬영 스튜디오도 셀 수 없이 많다. 내가 처음 보디 프로필을 촬영했던 2014년도에는 스튜디오가 손에 꼽을 정도였고,

찍는 사람도 적었다. 하지만 요즘에는 수십 개의 스튜디오가 생겼고 찍는 사람도 많다. 심지어 3개월에서 6개월치 예약이 밀려있는 경우도 흔하다. 가격도 꽤 비싼 편인데 이렇게 인기가 많다는 것은 그만한 가치가 있다는 것을 의미한다. 오늘은 2014년부터 2019년 까지, 보디 프로필을 5회 촬영하면서 얻은 몇 가지 경험과 노하우를 풀어보려고 한다. 비싼 돈을 지불하고 후회하지 않는 작품을 남기고 싶다면 꼭 정독을 추천한다.

체지방 감량 목표치 설정하는 법

보디 프로필을 촬영을 앞두고 제일 궁금한 것은 과연 체지방을 몇 퍼센트까지 낮춰야 되는지 이다. 체내의 지방을 걷어내야 근육의 선명도가 두드러진다. 때문에 낮은 체지방률로 갈수록 더 뚜렷한 근육이 보이는 사진을 촬영할 수 있다. 그렇다면 과연 체지방률은 몇 퍼센트에 맞춰야 되는 것일까?

가장 좋은 방법은 해당 촬영 스튜디오 작가에게 물어보는 것이다. 보디 프로필 스튜디오 같은 경우 홈페이지 혹은 인스타그램에 홍보용 촬영 사진을 다수 올려놓는다. 그중 본인의 체형과 가장 비슷하면서 이상적인 근육을 갖고 있는 모델의 사진을 골라서 작가에게 해당 모델의 체지방률을 물어보면 된다. 본인의 생각이나 트레이너의 조언도 중요하지만 보디 프로필을 촬영하는 작가의 조언이 제일 중요하다. 일반인들부터 전문 보디빌더까지 수많은 촬영 경험을 통해 어떤 체지방률일 때 베스트 컷이 나오는지 누구보다 잘 알고 있는 전문가들이다.

3년 전에 촬영했던 스튜디오에서는 공지에 '남자는 체지방률이 7% 이하 복근이 보이는 상태'가 이상적인 촬영 조건이라고 명시되어있었다. 그럼에도 완벽을 기하기 위해서 스튜디오에서 촬영하신 모델 분 들 중 이상적이라고 생각하는 분 사진을 골라서 그분의 체지방률을 작가분께 여쭤보았다. 3~4% 사이 일 거라는 이야기를 듣고 촬영 날 체지방률을 3.4%에 맞췄다.

사람마다 이상적이라고 생각하는 몸은 다를 수가 있다. 너무 과하게 감량하면 근육의 볼륨이 잘 표현되지 않을 수 있고, 덜 감량하면 근육의 질감의 표현이 잘 안 될 수가 있다. 무조건 과하게 감량하기보다는 본인이 생각하는 이상적인 모델의 수준에 맞게 감량하는 것이 가장 좋다.

충분한 체력 남겨두기

보디 프로필 촬영 전에는 충분한 체력을 남겨두어야 한다. 대다수의 사람들이 착각하는 것이 있다. 촬영 전날까지 운동을 한 시간이라도 더 해서 몸을 만들어야 한다고 생각한다. 그렇게 모든 힘을 소진시켜야 최선을 다한 기분이 들고 후회가 안 남을 것 같기 때문이다.

하지만 보디 프로필 촬영은 한 번의 촬영으로 끝나는 단순한 촬영이 아니다. 적게는 30분에서 많게는 2시간 혹은 3시간까지 이어질 수 있으며, 콘셉트에 따라서는 반나절 이상 길어질 수도 있다. 또한 꽤나 많은 체력을 요하는 작업이다. 근육이 잘 나오도록 펌핑(pumping) 작업을 촬영 전에 해야 하고, 사진 촬영 중에도 가만히 서있는 것이 아니라 몸에 최대한 힘을 주고 있어야 한다.

포즈를 처음 취해보는 일반인들 같은 경우, 작가님이 요구하는 간단한 동작을 취하는데도 버벅거리기 쉽다. 이러면서 소비되는 체력이 늘어나고 이는 곧 표정에서도 나오게 된다. 조명과 포토샵으로 근육은 어느 정도 보정이 가능하지만 힘듦이 고스란히 노출된 표정은 보정이 쉽지 않다.

돌이켜 생각을 해 봤을 때, 헬스장에서 1시간 운동하는 것 이상의 힘이 든 것 같다. 더군다나 수분을 절제한 상태에서의 촬영이었기에 더욱더 힘이 들었던 것 같다. 부디 보디 프로필 촬영이 얼마 안 남았다면 이 점을 꼭 유의하기 바란다.

도전 기록 남겨두기

보디 프로필은 안 찍은 사람은 있어도 한 번만 찍은 사람은 없는 듯하다. 한 번 도전해서 결과물을 받았어도 아쉬움은 남기 마련이다. 다시 도전하겠다는 마음을 먹는 사람들이 많고, 도전하면서 발전하는 본인의 모습에 희열을 느끼기도 한다. 훗날을 위해서, 처음 보디 프로필을 찍을 때 본인의 데이터를 기록해 놓는 것은 정말 중요하다. 다음 촬영을 할 때 기존의 데이터를 참고하면 큰 도움이 되기 때문이다. 물론 트레이너 혹은 전문가의 도움을 받는 것도 좋지만 본인이 직접 겪으면서 기록한 데이터가 제일 정확하다.

다이어트 4년 차에 얻게 된
특별한 능력 3가지

다이어트를 하게 되면 운동 방법, 식단 관리에 대해서 공부를 하게 된다. 그리고 그에 따라 내 몸이 어떻게 반응하는지에 대해서도 알게 된다. 하지만 이러한 것들 외에도 다이어트 중에 발달시킬 수 있는 이색 능력들이 존재한다. 이것들은 내가 4년간 다이어트하면서 얻게 된 특별한 능력들이다. 슈퍼히어로 영화에서나 나오는 특별한 형태는 아니지만, 나만의 작고 귀여운 능력이다. 꾸준히 지속하면 누구나 충분히 이러한 능력들을 발전시킬 수 있다.

플레이팅

다이어트를 하게 되면 식단 관리는 필수이다. 몸은 주방에서 만들어진다는 말이 있다. 그만큼 다이어트를 하게 되면 주방에서 보내는 시간이 많아진다. 직접 음식을 구성, 조리하고 나중에 뒷정리까지 해야 하므로 어쩔 수 없다. 하지만 이렇게 하루 이틀 음식을 준비해서 먹다 보면 요령이 생긴다. 조금 더 익숙해지면 요령이 생기는 것에서 나아가서 플레이팅을 하는 여유도 가질 수 있다. 보기 좋은 떡이 맛도 좋다.

매번 비슷하게 구성하는 다이어트 식단이지만 어떻게 플레이팅 하느냐에 따라서 느낌은 확 달라진다. 본인이 플레이팅 한 식단을 다른 여러 사람과 공유하면서 다이어트에 관한 자극도 받을 수 있다. 똑같은 식단에 시각적인 변화를 주어서 재미있는 다이어트가 가능하다. 또한 숨겨져 있었던 본인의 예술적 감성을 식단으로 풀어낼 수도 있다. 이렇게 하다 보면 식단을 만드는 일이 즐거워지고 다이어트도 지치지 않고 잘할 수 있게 된다. 이왕 하는 다이어트 긍정적으로 재미있게 하는 게 정신 건강에 좋다.

칼로리 파악 능력

오래전에 한 TV 프로그램에서 특집을 진행한 적이 있었다. 총무를 맡은 한 출연자가 다른 멤버들이 식당에서 먹은 음식값을 머릿속으로 계산해서 맞추는 특집이었다. 그 특집에서 총무를 맡은 출연자는 멤버들이 먹는 양과 먹는 데 걸린 시간만을 토대로 계산서를 보지 않고 가격을 맞혔다.

물론 정확한 값을 맞히지는 못했지만 거의 비슷하게 맞춰서 모두가 놀라움을 금치 못했다. 다년간 맛집을 다니면서 얻은 지식과 데이터로 인해 획득한 능력이 빛을 발한 특집이다.

다이어트를 오래 지속하면 이와 비슷한 능력을 가질 수 있다. 계산기와 인터넷 검색 없이도 대략 본인이 어느 정도의 칼로리를 섭취하고 있는지 알 수 있다. 오랜 기간 식단을 구성하면서 쌓은 데이터 덕분에, 외식을 하더라도 본인에게 적합한 양을 본능적으로 느낄 수 있다. 이러한 능력은 뷔페에 가면 유용하게 써먹을 수 있다. 음식의 영양성분을 잘 모르는 경우에는 뷔페에 가서도 선뜻 음식을 담기 어렵다. 영양성분과 칼로리에 대한 지식이 없어서 자칫하면 살이 찔까 봐 두렵기 때문이다. 하지만 여러 가지 음식의 영양 성분과 칼로리를 대략 파악하고 있으면 이것저것 다양한 종류의 음식을 맛보면서도 감으로 적정량의 칼로리를 맞출 수 있다. 지속 가능한 다이어트를 할 수 있게 해주는 좋은 능력이다.

만족 지연 능력

인문학 책이나 자기계발 책을 읽다 보면 '마시멜로 실험'을 한 번쯤은 들어 보았을 것이다. 어린아이들을 대상으로 실시한 만족 지연 능력에 관한 실험으로 알려져 있다. 방 안에 있는 아이에게 어른이 돌아올 때까지 앞에 있는 마시멜로를 안 먹고 있으면 하나 더 주겠다는 설정을 한다. 실험 종료 후 못 참고 먹은 아이, 안 먹고 기다렸던 아이들을 추적 조사한 결과, 안 먹고 기다렸던 아이들이 훗날 다양한 분야에서 더 두각을 나타냈다는 결과를 얻어낸 실험이다. 다이어트를 함에 있어서도 이러한 만족 지연 능력을 기를 수 있다.

다이어트 기간에는 매 순간이 유혹의 연속이다. 직장에서는 조금만 고개를 돌리면 믹스커피나 달달한 과자들이 간식으로 준비되어 있다. 또한 출근 시에는 고소하게 빵 굽는 냄새가, 퇴근 시에는 치킨과 맥주의 유혹이 항상 끊이지 않는다. 하지만 이 유혹들과 맞서 싸우면서 당장의 행복보다는 만족을 지연하는 자세를 기를 수 있다. 조금 더 참고 원하는 목표를 이룬 다음 먹는 음식의 맛은 그 어떤 산해진미보다도 맛있다. 지연을 통해 얻는 두 배 세 배의 만족이다. 이를 일상생활에 적용해서 쇼핑이라던지, 저축 등에도 만족 지연 능력을 적용하면 다방면에서 긍정적인 결과를 얻을 수 있다.

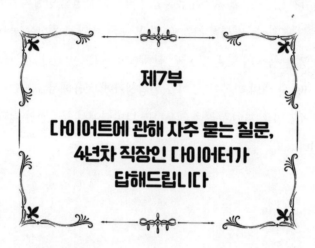

제7부

다이어트에 관해 자주 묻는 질문,
4년차 직장인 다이어터가
답해드립니다

다이어트 4년 차,
자주 듣는 쓸데없는 질문 1위

직장 생활을 하면서 다이어트와 운동에 관해서 가장 많이 받는 질문 중 하나가 '너 운동 얼마나 했어?'이다. 단지 순수하게 궁금해서 물어보시는 분도 계시고, 다이어트를 목표로 하면서 시간적 기준을 잡기 위해서 물어보는 분도 계시다. 최대한 도움을 드리는 방향으로 답변을 해 드리지만 이 질문은 대답하기가 애매하다. 왜 이 질문에 대한 답변은 항상 명쾌하지 못한 것일까? 예를 들면 딱 떨어지게 3개월 주 3회 2시간씩 헬스장 다니시면 됩니다. 이렇게 이야기하면 과연 듣는 사람에게 도움이 되는 것일까? 이 질문이 다이어트에 크게 도움이 되지 않는 이유는 다음과 같이 세 가지가 있다.

77억 명의 사람 77억 명의 CASE

좋아하는 말 중에 '몸은 살아온 습관을 보여준다'라는 말이 있다. 현재 본인의 몸 상태는 하루 이틀 만에 만들어진 것이 아니다. 그렇다고 1~2년 사이에 만들어진 것도 아니고 평생의 삶이 합쳐져서 만들어진 것이다. 예를 들어서 어떤 사람이 1년 동안 열심히 운동을 해서 몸을 만들었다고 한다. 1년 동안 그 사람이 한 운동방식을 똑같이 하면 똑같은 몸이 될 까? 그렇지 않다. 77억 명의 사람은 각각의 77억 개의 고유한 삶을 살았고 특성이 다르다. 각각의 살아온 삶이 다르기 때문에 똑같이 운동을 시작하더라도 시작부터 큰 차이가 날 수 있다. 어떤 사람은 조금의 운동만으로 살이 빠지는가 하면 어떤 사람은 그렇지 않기도 한다. 그렇기 때문에 이는 일반화시키기 매우 어렵다. 만약 나이 30인 A 씨가 29살부터 1년 동안 운동해서 몸을 만들었다는 건, 하얀 백지상태에서 29살부터 1년 운동을 했다고 볼 수 없다. 태어났을 때부터 29살까지 쌓인 본인의 몸의 특성에 1년의 운동이 더해진 것이라고 봐야 정확할 것이다.

질문을 자기 합리화의 도구로 사용

목표를 이루기 위한 기한을 정확히 설정하는 것은 중요하다. '너 운동 얼마나 했어?'라고 묻는 의도 중 하나는 본인의 목표의 기한을 가늠하기 위함이다. 하지만 가끔은 일단 시작부터 하고 보는 자세가 필요한 경우도 있다. 자기 합리화의 함정에 빠질 수도 있기 때문이다.

예를 들면 어떤 사람이 70kg였는데 2달 만에 5kg를 감량해서 65kg를 만들었다고 한다. 이 사례를 기준으로 잡고 다이어트를 시작한다고 했을 때, 자연스럽게 자기 합리화를 할 수도 있다. 그 사람보다 조금 더 열심히 하면 1달 반 만에도 충분히 뺄 수 있을 것이라는 생각이 든다. 그렇게 생각하면 다이어트를 2주 정도 후에 시작해도 되겠다는 생각이 든다. 2주가 흐른 뒤에는 1달 만에 5kg 빼는 것 역시 수월 할 것 같다는 생각이 든다. 실제로 1달 만에 5kg를 뺀 사례도 인터넷을 찾아보면 어렵지 않게 발견할 수 있다. 이런 식으로 합리화를 하면서 시작을 미루게 되는 경우가 다반사다. 시작을 미루고 미루다 보면 시작을 안 하게 될 가능성도 있다. 그렇기 때문에 다이어트를 목표로 잡았다면 일단 시작을 하는 것이 중요하다. 시작을 하고 몸무게를 측정하면서 기간을 현실에 맞게 조정하는 것도 좋은 방법이다.

너 '얼마나' 운동했어? 못지않게 중요한 너 '어떻게' 운동했어?

운동과 다이어트는 '방법'도 '기간' 못지않게 중요하다. 모르고 하는 운동은 운동이 아니라 노동이라는 말이 있다. 노동을 해도 물론 살은 빠진다. 하지만 운동을 통해 정확한 방법으로 감량을 하는 것이 훨씬 효율적이다. 식단 구성 역시 올바른 방법으로 진행해야 요요 없이 감량이 가능하다. '적게 먹고 많이 움직이면 살은 빠진다'라는 전제 하에 원푸드 다이어트를 하거나 무조건 굶는 식의 다이어트를 하면 건강에 좋지 않다. 잘못된 방식으로 1달에 10kg를 감량하는 것보다는 올바른 방식으로 1달에 5kg를 감량하는 것이 건강에 도움이 된다. 따라서 기간에 집착하기보다는 방법에 초점을 두는 것이 지속 가능한 운동 및 다이어트에 효과적이다.

다이어트에 자주 실패하는 직장인의 변명 :
야식을 못 끊겠으면 어떡하죠?

주변을 둘러보면 야식을 끊지 못하는 사람들을 여럿 볼 수 있다. 나 역시도 운동과 다이어트를 본격적으로 시작하지 않았을 때는 야식을 너무 사랑했다. 밤에는 특히 자극적인 음식이 생각이 많이 났다. 양념이 강하게 들어간 맵고 짠 음식을 좋아하는 편이었다. 치킨을 시켜도 양념이 진하게 배인 치킨으로 시켰다. 닭발과 같은 매운 음식도 좋아했고 라면도 좋아했다. 피자와 햄버거도 너무 좋아하는 야식 메뉴였다.

현재 사는 곳은 동대문 근처인데 신당동과 장충동이 아주 가깝다. 주변에 야식을 판매하는 식당이 너무 많아서 무엇을 먹을지 고르는데만 시간이 30분 이상 걸린다. 심지어 족발과 떡볶이는 원조 맛집들만 모여있다. 야식을 먹을 수 있는 식당이 꼭 근거리에 있지 않아도 배달 애플리케이션이 너무 잘 되어있다. 그래서 사는 곳을 불문하고 맛있는 배달음식을 언제든 시켜 먹을 수 있는 환경이다. 다이어트하는 직장인들은 보다 단호한 대책을 마련하는 것이 필요하다.

야근이나 운동을 힘들게 하고 나면 이 정도 했으니 조금은 먹어도 괜찮다는 생각이 든다. 건강한 음식으로 적당량 먹는 것이 아니면 절제가 필요하다. 떡볶이 1인분만 먹어야지라는 생각이 라면사리를 추가하게 만들고 순대와 튀김까지 먹게 된다. 짠 것을 먹었으니까 단 것으로 입가심을 하고 싶어 지고 달콤한 아이스크림까지 먹게 된다. 편의점에도 퀄리티가 아주 높은 야식 메뉴들이 나열되어있다. 우리를 둘러싼 유혹의 환경 속에서 목표한 다이어트를 지속하려면 조금 더 마음을 굳게 먹어야 할 필요가 있다. 먹어도 괜찮겠지가 아니라 먹으면 말짱 도루묵이라는 마음가짐이 도움이 된다. 야식의 유혹에 대처하기 위한 몇 가지 대책들을 마련했다.

어플을 삭제한다

야식 주문 관련 배달 애플리케이션을 삭제하는 것만으로도 큰 도움이 된다. SNS 같은 경우도 딱히 할 생각이 없었는데 아이콘 우측 상단에 숫자가 생기면 무심코 접속한다. 나와 친한 SNS 이웃의 새 소식이 있거나 애플리케이션의 새로운 업데이트 사항 등이 있는 경우 숫자가 생긴다. 배달 애플리케이션도 마찬가지다. 배달시킬 생각이 없었는데 애플리케이션이 보이면 무심코 접속해본다. 새롭게 추가된 근처 맛집이 있으면 한 번쯤 시켜 먹어보고 싶은 마음이 생긴다. 이러한 상황을 근절하기 위해서는 애플리케이션을 삭제하고 회원 탈퇴하는 단호한 태도가 필요하다. 김유신 장군이 말목을 자르듯 애플리케이션을 지워야 한다. 목적을 이루기 위해서 주변 환경을 설정하는 것은 매우 중요하다. 애플리케이션을 삭제함으로써 야식 배달이 불가능한 환경으로 설정해놓자.

일찍 자는 습관을 갖는다

가장 바람직하고 건강한 방법이다. 물론 직장인이 매일 실행하기에는 현실적으로 불가능할 수도 있다. 야근, 회식 등으로 인해서 11시 12시가 되어서 귀가하는 경우도 많기 때문이다. 도저히 불가능한 경우가 아닌 날부터 천천히 습관을 들이도록 해 보자. 힘들겠지만 적어도 2주 이상 일찍 자는 생활 패턴을 만들고 적응해 보자. 그러면 한 번씩 회식을 해도 다음날 어렵지 않게 다시 돌아갈 수 있다. 일찍 자는 습관을 가지면 성장호르몬이 분비되는 시간에 숙면을 취할 수 있다. 이는 근육 성장에 도움이 되고 면역력이 좋아진다. 건강해진 신체는 업무 집중도에도 좋은 영향을 미친다. 일과 시간 안에 업무를 마무리해서 야근을 줄이는 데 도움을 줄 것이다. 일찍 출근해서 업무를 파악하는 것도 좋은 습관이고 부지런한 사람이라는 인상을 줄 수 있다. 따뜻한 우유를 한 잔 정도 가볍게 마시고 자는 것이 숙면에 도움이 된다.

야식 먹는 날을 정하자

　도저히 야식을 못 끊겠다는 직장인들에게는 하루를 야식 먹는 날로 정해서 먹는 방법을 권한다. 일주일에 한 번 혹은 한 달에 한 번을 야식 먹는 날로 정해서 먹는 것을 추천한다. 정말 좋아하는 음식을 완전히 포기한다는 것도 힘든 일이다. 또한 야식으로 먹어야 맛있는 메뉴들이 있기 마련이다. 특히 치킨은 식사로 먹기보다는 야식으로 배달시켜서 먹는 것이 훨씬 더 맛있다. 특별한 날을 정해서 깔끔하게 하루 먹고 스트레스를 해소하기로 하자. 예를 들면 대형 스포츠 경기가 열리거나, 큰 이벤트가 있는 날 하루 먹는 것이다. 야식 먹는 날을 '특별한 날'로 머릿속에 인식하는 것이다. 그러면 '특별하지 않은 날'에는 야식을 먹을 이유가 없는 것이고 다이어트를 지속하면 된다. 또한 다이어트를 지속하는 과정 중에 하루 야식을 먹게 되면 다음날 신경이 쓰이게 마련이다. 자연스럽게 음식 섭취량을 조절하게 되고 운동할 때 마음가짐이 달라지게 된다. 그렇게 다시 다이어트에 돌입할 수 있다. 정 야식을 먹고 싶다면 꼭 먹고 싶은 메뉴 한 가지를 정해 놓고 '특별한 날'에 사랑하는 사람들과 즐기도록 하자.

　힘든 일을 마치고 동료와 삼겹살에 소주를 한 잔 기울이는 것은 삶에 큰 위로가 된다. 어떤 이에게는 내일 하루를 살아갈 수 있는 힘이 되기도 한다. 삶의 스트레스를 신상 치킨 메뉴를 시켜 먹는 것으로 푸는 것을 최고의 행복으로 여기는 사람도 있다. 일종의 '소확행'이다. 여수 현장에서 근무할 때 동료 직원분과 함께 야근을 한 적이 있다. 8월 한 여름밤에 현장에서 작업을 했다. 둘 다 땀에 속옷은 물론 겉옷까지 흠뻑 젖었다. 작업은 세 시간 정도 걸렸다. 차를 안 가져오셨길래 내 차를 타고 같이 퇴근을 했다. 당시에 대회를 준비하는 다이어트 기간이었고 동료 직원분도 알고 계셨다. 먼저 모셔다 드리려고 그분 집으로 차를 몰았다. 내리시면서 '야식이나 같이 했으면 좋았으련만.'이라고 말씀하셨는데 잊히지 않는다.

아마도 같이 고생한 일에 대해서 소감을 나누고 서로를 조금 더 알아가고 싶으셨던 것 같다. 물론 함께 야식을 먹고 진솔한 이야기를 하는 것도 충분한 의미가 있다. 만약에 소주를 기울이면서 야식을 먹는 시간을 보냈으면 어땠을까 하고 생각해봤다. 그랬다면 맛있었던 야식의 기억이 그날 밤 땀에 흠뻑 젖어가면서 현장을 돌았던 소중한 기억을 덮었을지도 모른다. 어찌 되었든 아직까지 그날 야간작업 때 흘린 땀을 잊지 못한다. 건강한 삶과 다이어트를 위해서는 포기해야 하는 것도 많다. 미련을 두지 말고 포기할 수 있는 용기 있는 직장인이 다이어트에 성공할 수 있다. 포기함으로써 얻을 수 있는 가치에 집중하는 자세가 필요하다.

다이어트에 자주 실패하는 직장인의 변명 : 돈이 없는데 어떡하죠?

다이어트를 한다고 해서 내 지갑까지 다이어트를 시킬 필요는 없다. 다이어트 식단을 구성하면 지갑은 기존의 무게를 유지하거나 혹은 절약되는 돈으로 인해 더 통통해질 수도 있다. 간혹 다이어트를 시작하는 직장인들이 갖는 고민이 있다. 식단 구성을 할 때 돈이 많이 들어서 힘들 것이라고 생각한다. 피트니스인들이 정보를 공유하는 대형 커뮤니티에서 'No Money, No Muscle'이라는 문구가 유행했던 적이 있다. 돈이 없으면 근육도 없다는 이야기이다. 하지만 직장인의 수준에 맞는 적당한 식단을 구성하기에 많은 돈은 필요 없다. 시중에서 한 끼 식사로 지불하는 금액보다 적은 돈으로 훌륭한 다이어트 식단을 구성할 수 있다. 그러니 돈이 없다는 것은 확실한 변명거리이다. 평범한 직장인인 내가 점심에 회사에 싸가는 도시락의 가격을 살펴보면서 한 번 이를 분석해보자. 2019년 9월 2일 내 점심 식단은 다음과 같다.(물가 상승률을 고려하면 2021년 현재는 조금 오른 가격이다.)

    1. 고구마 150g

    2. 닭 가슴살 100g

    3. 미니 파프리카 3개

    4. 양파 50g

    5. 아로니아 20알

위 재료들로 약 330kcal의 다이어트 점심 식단을 완성했다. 그렇다면 이제 차근차근 구성요소의 가격들을 살펴보도록 하자.

우선 고구마는 인터넷을 통해서 3kg을 구입했다. 한 농산물 직배송 사이트에서 베니 하루카 품종 해남 밤고구마를 10,000원에 구매했다. 배송비는 무료다. 그러면 이 3kg 중 150g이니까 정확히 1/20에 해당하는 무게고 가격은 500원이다.

닭가슴살 또한 인터넷에서 3kg을 한 번에 구입했다. 100g씩 소분되어서 포장되어있는 닭 가슴살 30팩을 26,000에 구입했다. 이 상품 역시 배송비는 무료다. 26,000의 1/30이니 약 900원이다.

미니 파프리카 역시 온라인 신선 배송으로 구입했다. 온라인 신선 배송은 전날 밤 11시 전에 주문하면 다음 날 아침 7시 전에 문 앞에 도착한다. 신선한 야채를 섭취하기 위해서 자주 이용한다. 500g에 7,370원이고 다른 상품들과 함께 배송을 시켜서 배송비는 무료다. 미니 파프리카 500g 팩에는 약 20개가 들어있다. 가격으로 따지면 1개에 약 370원이다. 3개는 1110

원.

양파도 미니 파프리카와 함께 온라인 신선 배송으로 구입했다. 이 날은 양파를 식단으로 구성한 첫날이었다. 양파는 손질되어서 슬라이스 형태로 되어있는 제품 1kg를 주문했다. 가격은 6,500원이다. 50g에 해당하는 가격은 325원.

마지막으로 아로니아다. 사실 나는 원래 블루베리를 식단으로 구성했다. 그런데 블루베리가 다 떨어져서 주문을 하려고 하는 시점에 마트에서 싸게 파는 아로니아를 발견했다. 아로니아와 블루베리는 생김새가 비슷하다.

과일과 채소는 색과 모양이 비슷한 종류는 대개 비슷한 영양소와 효능을 나타내는 경우가 있다. 꽤 큰 대형 플라스틱 팩에 빽빽이 들어있는 아로니아를 3,000원에 팔길래 구입해서 식단을 구성해 보았다. 식단에 포함된 아로니아는 약 20알 정도이다. 가격으로 환산하면 100원도 안 될 것 같다. 20알의 무게를 따로 재지는 않았지만 한 팩에 굉장히 많은 알갱이가 있었다.

눈대중으로만 보아도 몇백 개가 훌쩍 넘는다. 그만큼 아로니아는 블루베리보다 알갱이가 작다. 맛은 블루베리에 비해서 떨어진다. 블루베리보다 떫은맛이 강하고 당도가 약한 과일이다. 하지만 칼로리가 낮아서 다이어트할 때 부담이 없다. 또한 안토시아닌과 폴리페놀 카테킨 성분이 노화물질을 제거해주고 악성 지방세포가 생성되는 것 또한 막아준다. 정확한 계산을 시도하면 몇 원에서 몇 십원에 해당하는 가격이다. 편의상 100원 정도라고 가정한다. 여태까지 구성한 내 식단의 총가격을 계산해 보자.

1. 고구마 150g 500원

2. 닭 가슴살 100g 900원

3. 미니 파프리카 3개 1100원

4. 양파 50g 325원

5. 아로니아 20알 100원

총가격이 2,925원이다.

이와 비슷한 식단으로 하루에 총 4끼를 먹는다. 첫 끼와 세 번째 끼니만 지방 섭취를 위해서 아몬드를 각각 5알씩 추가해서 섭취한다. 대략 12,000 원에서 13,000원으로 하루 총식단을 구성할 수 있다. 도시락을 준비하는 시간적 노동을 금액으로 환산한다고 해도 15,000원 정도면 충분하다.

약 2년간의 투르크메니스탄 근무 생활을 마치고 본사로 복귀했을 때였다. 당시, 선배들은 막내가 무사히 돌아왔다면서 점심을 같이 먹자고 모두 모였다. 회사 근처에 새로 생긴 맛있는 일식 음식점에 가기로 했다. 한 선배가 맛있어서 깜짝 놀랄 수도 있으니 주의하라고 했다.

부챗살 덮밥을 시켜서 먹었는데 정말 놀랄 만큼 맛있었다. 하지만 맛보다 더 놀란 것이 가격이었다. 2년이라는 세월이 지나서 회사 근처 음식집 가격에 대해 감을 잃고 있었다. 하지만 한 끼에 9,000원 점심 식사는 당시 아직은 사회 초년생인 나에게 부담스러운 금액이었다. 놀라운 것은 가격만이 아니었다. 함께 식사를 한 선배들은 나와 적게는 1년에서 많게는 3년의 근속연수밖에 차이가 안 나는 분들이었다. 경제 수준이 크게 다르지 않은 선배들이 이 정도 가격의 점심값을 당연하게 지불하는 것이었다. 경제적인 여유가 있어서 가격을 지불하는 것이 아니었다. 회사 근처의 대부분 점심 식사 가격이 이러한 수준에서 크게 벗어나지 않는다고 했다. 그렇기 때문에 자연스럽게 지불하는 것이었다. 실제로 다음날은 쌀 국숫집을 갔었는데 부챗살 덮밥과 가격이 크게 다르지 않았다. 물론 회사 식당에 가면 5,000원으로 식사를 할 수 있다. 하지만 대부분이 대기 줄을 오랜 시간 기다려서 회사 급식을 먹기를 선호하지 않는다. 차라리 조금 더 가격을 지불하고 근처 식당에서 본인이 원하는 맛있는 음식을 먹는 것을 택한다. 일종의 '소확행'(소소하지만 확실한 행복)을 실천하는 것이다.

직장인들은 보통 밖에서 식사를 하면 식사로 끝내지 않는 경우가 대부분이다. 참새들은 방앗간을 그냥 지나치지 않는다. 시원한 아메리카노 혹은 라테를 주문하는데 지불하는 가격은 2,500원 내외이다. 다행히 회사 근처에는 유명 프랜차이즈 매장보다 저렴한 값의 카페가 많다.

다이어트 식단을 구성해서 식사를 해 보자. 평범한 보통 직장인이 점심 식사에 무심코 지불하는 음식의 가격으로 4끼를 구성할 수 있다. 더군다나 몸도 만들고 식사 시간이 줄어드니 나머지 시간을 자기 계발에 투자하거나 부족한 수면을 취할 수 있다.

다이어트 식단 구성을 통해서 일석 삼조의 기적이 탄생하는 순간이다. 조금씩 절약된 돈으로 운동에 돈을 투자할 수도 있다. 다이어트를 장기간 지속하면 한 번쯤 정체기가 올 수 있다. 정체기가 왔을 때 이를 극복하는 방법으로 하루 정도 충분히 많은 양의 탄수화물을 섭취하는 방법이 있다. 평소 다이어트를 통해 절약한 돈으로 이 날 맛있는 탄수화물 군의 식사를 구성해보자. 훌륭한 다이어트 전략이 될 것이다.

돈이 없어서 식단을 구성 못한다는 직장인들은 이 파트를 정독하고 생각의 전환을 해야 한다. 돈이 없는 사람이 어떻게 값 비싼 점심 식사에 당연하다는 듯이 가격을 지불하고 커피까지 마시는가. 돈이 없는 사람일수록 다이어트 식단을 구성해야 한다. 절약과 투자를 할 수 있고, 몸까지 건강해질 수 있는 아주 좋은 해결방법이 될 것이다.

또한 피트니스센터의 등록 가격에 부담을 느끼는 사람들도 있다. 이때 생각의 전환에 도움이 되는 TIP을 소개한다. 피트니스센터 등록을 일종의 투자로 보는 관점이 필요하다. 우리는 과학기술의 발전으로 인해 100세 시대를 살아가게 된 축복받은 세대이다. 의료기술 또한 발전해서 과거에는 고칠 수 없었던 병이 많이 치료되고 있다. 하지만 나이가 들어감에 따라서 수많은 성인병과 질병에 노출되는 것이 현실이다. 노화가 진행됨에 따라서 신체 면역기능이 떨어지는 것은 자연의 이치이기 때문이다. 그러면 어쩔 수 없이 의학적인 도움을 받는데 막대한 금전을 지불해야 할 상황이 올 수 있다. 젊었을 때 건강한 몸과 체력을 유지하면 수많은 질병을 예방할 수 있다.

실제로 1962년생 현역 보디빌딩 선수분이 건강상의 변화에 대해 인터뷰하신 내용이 있다. 50대에 보디빌딩을 접하신 후 고혈압 증세가 놀라울 만큼 호전되셨다고 한다. 선수님은 작년에만 6개의 대회에서 1등 상을 받으셨고 현재도 건강한 신체를 유지하고 계신다. 이러한 모범적인 사례는 조금만 검색을 해보면 원하는 만큼 얻을 수 있다. 피트니스센터에 등록해서 운동을 하는 것을 소비라고 생각하지 말자. 내 몸을 질병으로부터 예방하고 사랑하는 가족들과 즐거운 노후를 보내기 위한 투자라고 생각하자. 이러한 생각이 들면 피트니스센터 등록 가격이 굉장히 저렴하게 느껴질 수도 있다. 집 사고 땅 사는 것만 재테크라고 생각하지 말자. 내 몸에 투자하는 것이 바로 미래의 건강을 위한 완벽한 재테크이다. 지금부터 이런 생활을 시작해보자. 어쩌면 70세 80세가 되어서도 '직장인'의 신분을 유지할 수 있을 가능성도 있다.